JN115309

料理発見　目次

三章　季節の味　81

四章　お菓子の時間　147

五章　美味は残酷　185

一章
スジ肉発見

味のイメージ

本の中の魅力ある料理は、読んでいくうちに舌の上に味が感じられる。

味の想像できない料理を作るのは、暗闇の中を手さぐりで進むように、どの仕事もばらばらのまま。味のイメージが定ってしまえば、作業には次第に勢いがつき、最後の一点にむかってまとまっていく。

イメージは好奇心によって育てられる。最初に作る料理より、手馴れたはずの二度目に案外失敗が多いのは、好奇心と緊張を失ってしまうからではないだろうか。

目新しい材料に出会うと、体じゅうの神経が活気づいてくる。想像力が湧き上がり、予感に導かれるようにして仕事が進む。忘れていた動物的な感覚がよみがえってくる。

犬の餌を横どりして

夏の初めの夕方のことで、ウツギの白い花の咲きはじめた道を、犬を連れたMさんが足早に歩いていました。私を見つけると、左手にさげていた青いビニール袋をあげてみせ、さも愉快そうにいったのです。

「犬を飼っていると、魚がタダで食べられるわよ。良い魚屋のアラって、人間が食べてもおいしいものよ」

Mさんが特別倹約家だったわけではないのですが、犬用にもらったアラを、人間がおいしく食べてしまうのがなにか愉快だったのでしょう。

もう十年も前のことなのに、はずむような足どりや、快活な話しぶりを思い出すことになったのは、私も犬を飼うようになり、同じ思いをしたからです。

ある時、紀ノ国屋の肉売場で、隣の人が餌用の肉を買っていました。一キロほどの包みがわずか三百円足らずです。同じ物を買ってみると、新しいぷりぷりした腎臓や、古くなって色は変っていますがグラム千円はするようなロース肉まで混ざっていて、一〇〇グラムなんと二十円です。

たびたび餌肉を買ううちに、「今日はスジがありますよ」と渡された一包みがありました。あけてみるとスジは、肉や脂肪がついた大小の白い帯みたいなものでした。茹でると白いスジは透明なゴムの塊のようになり、犬は、この塊を喜んで、強い歯でガリガリと噛みます。大きい塊は食べにくそうなので、茹でてから小さく切りわけるのですが、スジにくっついている肉になにやら感じるものがあったのです。削り取って集め、生姜（しょうが）醤油につけながら、ひとりで食べる昼食のおかずにしてみたら、すごくおいしい。私たちはよい肉というと、柔らかい肉ばかりを考えてしまいますが、噛みごたえのあるこの肉には、忘れていた肉の味があるような気がしたのです。

近所の肉屋さんに会ったので、「スジについていた肉がおいしかった」と話したら、もう四十年も肉を扱っている女店主がいうのです。

「そりゃ奥さん、本当においしいのはスジだよ。二時間も三時間もストーブにでもかけて煮込んでごらん。ぷりぷり、とろとろしてきて、普通の肉なんぞにゃないうまさだよ。世間の人は、いちばんうまいところを捨てて、カスのほうに高いお金払ってるようなもんだ」

「へーえ」とも「ふーん」ともつかない感嘆詞は、珍味と聞けば耳をそばだて、美味と聞けば訪ねずにはいられないのに、身近にあるご馳走にまったく気づかなかった驚きでした。

煮るうえでの注意は、と聞けば、臭味があるから一度は茹でてこぼすこと。二度も三度も茹でてこぼす人があるが、あれではうまみが逃げてしまう。一度で除けないような臭味は肉の鮮度が悪いからだ。必ずよく売れている店で買って、ことこと煮込むこと。犬の餌にするからっていうと、豚や鶏の脂肪をまぜたりする店があるから、スジを人間が食べるから、って買ったほうがいい。

「へーえ」と、また私は驚いて、スジを食べる人って、そんなにいるのと聞くと、

「プロは知ってるよ、関西の人もよく食べるね。レストランなんかで、スジがなきゃ、シチューは作らんっていうところもあるんだよ」

私はさっそく、牛スジばかりを二キロも買い、ぶつぶつ切って大きなお鍋で煮はじめました。柔らかく水煮して、冷凍しておけば、食べるたびに味つけして使える、と教えられましたが、私の目的は冷凍ではなくいろんな料理を作ってみることです。くつくつと二〇分も煮立ててから、お湯は捨ててしまい、水でよく洗ってからまた煮はじめます。生ゴムみたいに透明になったスジは、さらに煮込むと次第に柔らかくなります。何時間煮るかは、どのくらいのかたさが好きかによります。それに鍋の種類や火力によっても、時間が違ってきますから、何分煮て、という説明はあまり頼りになりません。こういうことは自分で様子を見ながら失敗したり、成功したりして加減を知るに限ります。

うちの鍋では二時間少し煮たところで、小鍋にとって醤油とミリンで味つけし

て、さらに煮込みました。なるほど、ぷりんぷりん感触の美味です。スジといってもいろんなところがあるので、かたさの残るもの、溶けそうなところ、とまちまちですが、どれもゼラチン質のねばねばしたおいしさです。

次には、大根、ジャガイモを入れて煮込みましたが、これも野菜にいい味がしみこんで悪くない味です。

何回も煮ているうちに、気がついたのですが、スジそのものを味わいたい時には生醤油だけで、ミリンなど入れないほうがよいでしょう。おろし際に青みの葱などさっと入れてみるのもいいものです。

藷（いも）、大根などといっしょの時には甘みをつけますが、大根は薄味に、ジャガイモは味を強めにしたほうがおいしいようです。

シチューにも使うと聞いていたので、カレーを食べたいという息子に、水煮してあったスジに、玉葱を加えただけでルーを入れ、即席のカレーをつくってみました。これは予想以上のおいしさで、以後、息子はスジを入れないカレーは物足りないといいますので、うちのカレーは、ふつうの肉の他に、必ずスジを加えることになってしまいました。

このカレーを食べていて気がついたのですが、何気ない店で「うーん、おいしい」というようなカレーに出会って、表面に膜がかかっていることがあります。あれは、たっぷり小麦粉を炒めたせいだと思っていたのですが、スジを漉して入れたものがかたまったゼラチンの膜だったのかもしれない。

目に見えるものは、みんなわかりきったことのように思っているけれど、私たちの身近には、まだまだ秘密がひそんでいるような気がします。

贋(にせ)・熊の掌(てのひら)料理

冬も終り、というある日、はじめて合羽橋へいってきました。料理関係の店ばかり百八十軒も並んでいるこの街は、全長約二キロ。私は西浅草一丁目の交差点をスタートして、食器の店があると、入っていきました。

「蓋のついた、できれば深さのある器、そのまま蒸し器に入れても割れなくて、食卓に出してもおかしくないようなのありませんか」

本当はこういいたかったのです。中国の壺(つぼ)みたいな感じの蓋つきの器、またはアラビア風の深鍋、ちょっと神秘的な、いわくあり気な感じのもの……。

　ある時、銀座裏の小さな中国料理店で、真っ赤な紙に墨痕（ぼっこん）鮮やかに、「熊の掌料理・要予約」と書かれているのを見たのです。値段を聞いてみたら、一品四、五人前で五万円也。どんな味なんですか、といったら、「まあ……ニカワ質の感じですなあ」店主も自信なげな口調でしたから、食べたことはないのかもしれません。

「ふーん。うまい物はみんなニカワ質なんだね」といっしょにいた人がいった時、突然、私の頭にひらめいたことがあるのです。

　この冬の間、私は何回も牛のスジを、ストーブの上で煮てきましたが、ある時、紀ノ国屋へスジを買いにいくと、業者がみんな持っていってしまった、というのです。

「業者って何の業者、何に使うの」と、例によってひと言多い好奇心で聞いてみたら、ニカワ業者だというのです。あのねっとり感は、ニカワなのです。

　で、うまい物はみなニカワ質と聞いた時、贋・熊の掌料理を作ってみようと思いついたのです。贋物だからこそ、見た目に映えるいれものが大切。重々しく蓋をとって中身をとり出せば、もっともらしいご馳走に見えてくるような気がします。

合羽橋を端まで歩き、反対側の通りをまた戻ってきて、やっとひとつ、銅製のちょっと雰囲気のある小鍋を見つけました。

熊の掌料理は見たこともないのですから、真似ようもなく、スジ肉はなるべく原形をとどめないようぶつ切りにしました。塩と醤油少々で煮込んだスジ肉を入れ、ゼラチン質の溶け込んだスープをたっぷり張って、細切りの生姜などのせてみます。出来上がりはフカひれの煮込みを思わせる一品でしたから、好奇心旺盛で、だけど本物の熊の掌追求まではいきそうにない友人たちを、十分楽しませました。

牛スジを煮込んだ大鍋を、改めてのぞいてみると、実にいろんな贋物材料があるのに気づきます。

ぷよんぷよんして、透明でやわらかい部分は、きんこと呼ばれる干しなまこにそっくり。この部分ばかり集め、茄子(なす)といっしょにカレースープで煮込んで、人を疑うことの少ない、素直で心やさしい友人に届けました。

「ふーん、なまこのカレー。どこからそんな発想がでてきたの」とあきれながら、食後の感想は、「珍味でした。おいしい」

いちばんおいしいのは、アキレス腱だよ、と近所の肉屋さんはいっていました。そこで、牛の尻尾（しっぽ）の先っぽの細い部分を手に入れ馬の尻尾ということにして、アキレス腱らしいスジを鹿ということにして、「馬鹿煮込み料理」を作りました。これは四月一日に食べることにいたします。

珍味、珍味とさわいでいると、「古代にあって、いちばんの珍味は」という話になり、「自然薯（じねんじょ）を掘って食べた猪（いのしし）を鉄砲で撃ち、まだ自然薯のとどまっている腸をとりだして、蒸し焼きにしたもの」という人がいます。

それでは、古代珍味の贋物を作りましょう。

鎌倉には、『アルトシュタット』という手作りソーセージのいい店があります。ここで塩漬けになっている腸を求め、塩ぬきしてから、四二度のぬるま湯に一〇分ほどつけて、詰め物をするのです。仔羊の腸はウインナーくらいの細さ、やわらかく、舌ざわりもいいのですが、破けやすく、豚の腸はフランクフルトくらいの太さで丈夫ですが、厚すぎて何か口に残る感じです。猪は豚の親戚ですから、本来なら豚の腸を使うべきですが、この場合は楽しさも選んで、大小、両方に詰めてみました。

現代人は昔の人と違って、舌が鈍くなっていますから、山芋の味ばかりでは物足りないでしょう。すりおろした山芋に卵白と塩、コショウを加え、ケーキのしぼり出しを使って腸に詰めます。スープをごく低温にして、温める気持ちでゆっくり煮込みます。急に温度を高くすると、羊腸はすぐにパチンとはじけてしまう。さらに油鍋をくぐらせるともうひと味おいしくなります。油は手を入れてもいいくらいの低温です。

アキレス腱はよく煮込んで、とろりとさせますが、やわらかい中にも、芯に少し歯ごたえが残っているくらいがおいしい。味つけは、醤油、酒、好みによっては砂糖は少々。

あつあつのアキレス腱に羊ソーセージを加え、ついでに台所に残っていた百合(ゆり)

根も入れました。すぐに火が通り、スジのスープを吸った百合根もいい味です。正直にいって、山芋詰ソーセージは美味というわけにはいきません。もしかしたら、猪だって、自然薯より百合根が好きだったかもしれない。百合根も自然薯も同じようなところに隣合わせで土に埋まっていたのかもしれないのだから、なんて考えていたらこの料理の名前を思いつきました。「旧友再会」。猪の前足と、自然薯は敵じゃないの、という人もいましたが、昨日の敵は今日の友、といいますから、これはこれでいいのです。

春が近づくにつれ、何をしても気分がうきうきしてしまいます。そういえば合羽橋へいったのは、啓蟄（土の中から虫が這い出す）という日でした。いたずらの虫も這い出してきたのかもしれません。

いたずら料理は春の気分です。

冬瓜を器に「仏跳牆（フォティアオチャン）」をつくる

火傷しそうに熱くした冬瓜（とうがん）の葛（くず）かけを食べるのは、夏の楽しみのひとつです。冬瓜には、特別の味も香りもないのですが、柔らかな果肉が素直にだし汁を含んでくれます。葛をひくのは、このだし汁を逃がさないため、そして熱を保つため。口当りのやさしさに、つい気やすく喉（のど）を通し、真っ直ぐ食道を落ちていく火傷の感覚に、思わず体をよじってしまったことも何度もあるのですが、それでも作るたびに、「あくまでも熱く、熱く」と心がけます。おだやかな味だから、ぬるくなっては、間が抜けてしまう。

冬瓜を食べたことがないし、作り方も知らないという人、案外多いようですが、作り方は簡単です。切りわけた冬瓜をだし汁に入れて透き通るまで火を通します。ていねいに作る人は、茹でてからだし汁に入れるそうですが、私はいつも、切ったらすぐに煮てしまいます。だし汁は甘辛が強くては、冬瓜のふんわり、やさしい味が生きませんから薄味に、しかし、だしは濃く、しっかりととります。冬瓜に火が通ったところで、葛を溶いて入れ、さらに少し火を通してから、器に汁といっしょに盛って、おろし生姜などのせ、熱いうちにいただくのです。

冬瓜はインド原産、大陸を経て日本へ入ってきたものですから、中国料理にもよく使われています。

ちょっと改まった中国の夏のご馳走に、冬瓜瓶（トンクアピイン）があります。冬瓜のへたの部分を蓋にして切りとり、中をくり抜いて、椎茸やら貝柱やら入った鶏のスープを詰めて蒸し、このまま食卓へだして、食べる時に器代りの冬瓜の果肉を内側からそぎとって、スープといっしょに盛り合わせるのです。私の家でも、夏の来客にはこれをよく作りますが、食卓にだすと、「あっ」と驚きの声があがるほど、見た目には豪華です。

最近、あまりこれを作らないのは、冬瓜を味わう、ということなら、和風に調理したもののほうがおいしいし、それに、器代りに使えるような坐りのいい冬瓜がめっきり少なくなってしまいました。冬瓜のもともとの形は臼型というのでしょうか、カボチャの丈を高くしたようなものです。色は淡い緑色で、まだらな濃淡があります。最近出まわっているのは、ぐーんと胴長になって横たわっている濃い緑色の種類です。このタイプは早生種（わせ）ですから、万事はしりの物の値が高い時代には人気がでるのでしょう。この胴長瓜では、へたの部分を切りとってスープを入れても、横に寝かせたところで流れでてしまいます。

でも今年は、久しぶりに冬瓜瓶を作ろう、在来種のものがなければ、あの胴長を寝かせたまま、胴の真ん中をくり抜いて作ろう、ときめていたのです。

冬のはじめのことでした。作曲家の桜井順さんが、「仏跳牆（フォティアオチャン）を食べませんか」と誘ってくださったのです。仏跳牆のことなら、二十年も前に台湾出身の料理研究家・辛永清（しんえいせい）さんに聞いていました。

「フカひれやらなにやら、いろんな珍味を壷の中で煮つめます。牆とは、垣根のことで、これがあまりおいしいから、修行中のお坊さんも垣根を跳びこえて食べにいってしまう、という意味なのよ」

そのころは、これを食べさせる料理店はなくて、辛さんが、「一度作りましょう」とおっしゃったきりになっていました。

桜井さんは「すごい粘着力で、上あごと下あごがくっついてしまいそうな料理ですよ」と、ますます珍味への想像力をかきたてたのです。

さて、十数人の友人が集まって試食した仏跳牆は、とてもあっさりと上品に出来上がっていて、いいお味ではありましたが、私が勝手に想像した味とは違っていました。前年の冬にも試された桜井さんによれば、もっと粘ったものだった、というのですから、調理人の好みで、いろいろな味になるのかもしれません。

この日、壷の中にあったのは、フカひれの他、鮫（さめ）の浮き袋、鶏の手羽先、鹿のアキレス腱、その他椎茸やら白菜やらでした。鹿のアキレス腱が入っていたことが、やがて牛のアキレス腱、つまりくるぶしのスジ肉を使いはじめた私のヒントになって、私流の仏跳牆を冬瓜を壺代りに使って作ってみることになりました。

牛のアキレス腱は、かなり大きな肉屋へ注文しておかなければ手に入りません。なにしろ、牛一頭につき二個だけ。牛の足は四本ありますが、後足からしかとれないのです。

時には、肉屋さんが一個だけわけてくれることがあります。そんな時は、次回のものといっしょに煮よう、などと思っていると、味が落ち、悪い臭いがしてきますから、手に入り次第、煮て冷凍にしておきます。

いくつかたまったら、合わせて煮なおして、鶏の手羽先、椎茸、長葱のぶつ切りなどといっしょにして、塩、コショウで味をととのえます。これを冬瓜に詰め、湯気の立った蒸し器に入れて、強火で蒸しました。

蒸し器から取り出す時、熱い汁がこぼれそうで一苦労しましたが、出来上がりの味は悪くありません。あっさりした鶏肉のスープもいいけれど、こってりしたゼラチン質のスープも案外合うのです。このスープなら、葛を入れなくても、とろりとした感触で、冬瓜の果肉にうまく味がなじむのです。

冬瓜瓶をそっくり冷やして食べてみたい、と思ったことがありましたが、スジを使ったからには、熱いうちに食べねばなりません。このゼラチン質のスープは、放っておいたらゴムのように硬いニカワ質で固まってしまうのです。丸ごとひとつ、内側がゴムのように固まっている様子、なんだか不気味でしょう。

ますます冬瓜は熱くして食べること、です。

ハヤシライスの復活には牛スジを

　ごく身近な食べ物だったのに、ある日気がつくと、日常生活の中から消えかかっている、というものありませんか。

　例えば、茹でたジャガイモにパン粉をつけて揚げたポテトフライ。昔は、街の総菜屋さんの店先には、コロッケやメンチといっしょに、必ず並んでいたものでした。揚げたてのあつあつに、ソースをちょっとかけて食べると、けっこうおいしい一品のおかずで、これだけでご飯が食べられたものです。

　最近の流行は、ファストフードの店で見られるような、細切りポテトを素揚げにするタイプで、私もこのポテトフライをよく作りますが、切って、油鍋に放り込むだけですから、まことに簡単。これにくらべると、茹でてから皮をむき、ひと口大に切って、小麦粉をはたき、溶き卵なり溶き小麦粉なりをくぐらせてから、パン粉をつけて揚げる、というのは何倍もの手数がかかります。でも、たまにこのタイプを作ってみると、それだけの価値はあるのです。

ハヤシライスを扱う店も、なぜこんなに少なくなったのでしょう。子供のころ、洋食屋さんへ連れていかれると、ハヤシライスは、必ずカレーライスと並んでメニューにあったのに、なぜかカレーばかりが一般的になり、ハヤシライスは名前を聞くのも稀（まれ）になってしまいました。

おいしいハヤシライスがあると、珍しい情報のように親しい友人の間に伝わり、少し遠方でも、でかけてみることになります。すると、そういう店は「昔風下町」に残っていることが多く、懐かしいような洋食屋で職人気質（かたぎ）のコックさんが頑固に作っているのです。

「ハヤシライスは洋食屋のもので、レストランになってビーフストロガノフが流（は）

行った」という人があります。ストロガノフにはバターライスがつき、サワークリームもたっぷりかけられますが、いわばロシア風ハヤシライスです。なぜハヤシがすたれて、ストロガノフがふえたか、といえば、このもっともらしい名前のほうがお値段を高くつけやすい。なにしろ、ハヤシは気やすい料理のわりには、牛肉を必ず使うので、値段がつけにくいというのですが本当でしょうか。

　ハヤシライスは、正式にはhashed meat and rice。このミートには必ず牛肉を使いますが、hashedというくらいで細切れでもよいし、ローストビーフの残りなど使ってもいいのです。牛肉だからといって、そんなに値が張るとは思いません。ただカレーライスは簡単に作っても、凝って作っても、それぞれの味が楽しめるのに、ハヤシライスは一定水準をこえたものでなければ、おいしい食べ物にはならないのです。インスタントルーも、カレーには利用する価値のあるものがあるのに、ハヤシはどれひとつとして感心するものがありません。私自身も実は、ハヤシを作ることは少なかったし、作る時には覚悟をきめて、手抜きせず、時間をかけてソースを作ることにしていました。

しかし、最近、ハヤシを作るのにも少し気が楽になりました。たびたびで恐縮ですが、牛スジを使えば、わりに簡単にコクのあるソースができるのです。

今までのハヤシライスは、まず①鶏ガラを砕いて水洗いしてから、バターで焦げ目がつくくらいよく炒め、セロリ、玉葱、人参などの野菜の乱切りも炒めて、いっしょに水から気長く炊いておきます。②別鍋で玉葱、ニンニクのみじん切り、皮と種子を除いてさいの目に切ったトマトをバターでよく炒め、バターで炒めた小麦粉と赤ワインを加えて煮込みます。①のスープができたら漉して②の鍋を加えて二時間くらい煮て、これも漉して、砂糖をこがしたキャラメルソースで色とつやをよくして、味をととのえてから、玉葱と牛肉の薄切りを炒めてソースに加え、かために炊いたご飯にかけて、グリンピースなどちらして出来上がりでした。しかし、この「味をととのえ」のところで、「何かひと味足りない」と首をかしげてしまうことが多かったのです。

鶏ガラの代りに、煮込んであったスジ肉を使ってみたら、コクも舌ざわりもいいのです。小麦粉をバターで炒めて加えなくても、ゼラチン質の溶け込んだスープは、とろりと濃く仕上がっています。

ある日、テレビを見ていたら、大正の末から続いているという下谷（したや）の洋食屋さんが、ハヤシライスを作っていました。やっぱり牛スジを使っていましたが、こちらは水煮にせず、オーブンの天板に並べて、焦げ目がつくくらいに焼いてから、スープ鍋にスジをとり、残りの油で、野菜を焦げ目のつくくらい炒め、油は捨てて、スジと野菜をぐつぐつ煮込みます。一日中煮込み、次の日は漉してスープをとり、そこへまた新しいスジ肉と野菜を入れて煮込み、というようにして、十日もかかって、こってりとしたスープに仕上げるそうです。

素人の家庭では、毎日スープを煮込むわけにはいきませんが、少し多めに作って、残った分をストックしておいて、新しいスープに加えていけば、コクのあるスープは作りやすいでしょう。

でも、スジ肉を使えば、そんなに神経質にならなくても、案外うまくいくものです。スープ材料にだけ使って、漉してしまってもいいし、アキレス腱のような良質なスジだったら牛肉の代りに、そのまま食べられるようにしてもよいでしょう。

　私はオーブンを使うのがめんどうなので、スジは水煮のままですが、トマトは農協市場へいって、畑で赤く熟したものを選び、グリンピースもさやのまま求めて、むきたてを使う前に茹でます。

　ハヤシライスを家でしょっちゅう作らない原因は、トマトとグリンピースの季節を待っていたからなのかもしれません。

あっさり、上品、鶏スジスープ

牛スジ料理に熱中しているうちに、豚のスジが気になりました。豚にだって、スジがあるはず、どこへいってしまうのでしょう。

いつもの近所の店へいって聞いてみると、「豚のスジなぞ細くて、わざわざ脂肪をよけてとり出して使うほどのもんじゃないよ」

細くても、どんなものか一度使ってみたいのですが、牛スジの時には親切だった女店主が、今度は「やめな、やめな」とそっけないのです。

思いたったら、せっかちになる私のことですから、その足で紀ノ国屋までいってみると、豚肉はセンターで切りわけてから配達されてしまうので、豚スジは店には残らないとのこと。豚のアキレス腱なら注文できるというので、勇んで十本注文し、ついでに小町通りにある肉屋へいってみると、ここでは、ごくふつうの調子で、「豚スジ、今日は五、六百残っているかな」

全部包んでもらったのですが、自分のところで豚を切りさばく店は、今では少ないそうです。豚にくらべれば、牛は高価なせいか、まだ一頭のまま買ってばらしている店がありますが、それも、次第に少なくなっていくのでしょう。

包みを開けてみると、布地の端っこでも集めたように薄くて、細いスジばかりです。脂肪が多いので、二度ほど茹でこぼしてから甘辛く煮つけると、すぐに柔らかくほぐれて、肉のつくだ煮みたいになりました。軽くて、さっぱりした味は悪くないのですが、牛スジのような独特の味わいやコクはありません。

翌日届いたアキレス腱は、ころりと丸く、赤ちゃんのこぶしくらいの大きさです。どこまで脂肪で、どこからスジなのかは判然としませんが、よく茹で、八角粒やら赤唐辛子やら加えて強めの味に煮込んでみると、泡盛にでも合いそうな一品でした。

アキレス腱は十本で約五〇〇グラム、百円ちょっとの値段でしたから、一本十円です。安くて、迫力のある料理ですが、ちょっとしつこくてたびたび作りたくなる、といった味ではありません。

スジの話を長々としながら忘れていました。鶏のスジなら、牛スジよりずっと前から使っています。鶏のささ身の中には、稲庭うどんをも少し細くしたような平べったいスジが一本入っています。ふつうはスジを入れたまま売ってしまいますが、昔気質でていねいな仕事をする店では、この細いスジを一本一本取り除いてから売るのです。

鶏のスジを手に入れると、私はこれでスープを作ります。鍋に水を入れたら、スジをふたつかみほど入れ、箸でほぐして火にかけます。ほぐしておかないと、紐（ひも）のように細いスジは、からまりあって団子のような塊になってしまうのです。

鍋が煮立ってくると、白い泡のようなアクが浮いてきますから、これをすくっては捨て、二、三〇分もすれば美しく澄んだスープが出来上がります。煮込むほど味がますような気になって、いつまでもぐずぐずと火にかけておくと、かえって濁ってしまう。

作り方は簡単ですが、問題は鶏のスジがまとめて手に入れられるかどうか。さっき、スープに使うスジの量を、ひと鍋にふたつかみくらい、などと大ざっぱないい方をしてしまいましたが、その日の都合でどのくらい手に入るかわからない。あまり正確を望んでは気軽に作れなくなってしまうのです。ふたつかみは三〇〇グラムくらいでしょうか。一応のメドは水一升に五〇〇グラムと覚えています。

スジスープを作りはじめたころ、店の人に一〇〇グラムのスジは鶏何羽分か、と聞いたことがありました。百羽くらい、が答えだったので、うちのスープひと鍋に三百羽の鶏、となってしまったのです。のちに自分で計りなおしてみたら、鶏の大小や、そぎ方で肉がたくさんついているのもあったりして、なかなか一定の数字を出せませんが、一〇〇グラムに百羽は多すぎます。スジだけうまく抜きとったとしても一〇〇グラム百本弱。それでも五十羽近くが必要ですし、うちのひと鍋のスープには百何十羽の鶏をさばかねばなりません。よほど商いに勢いのある店でなければ、ささ身のスジをまとめて売ることはできないのです。

値段は一〇〇グラム百円。牛や豚のスジにくらべれば数倍の高値ですが、大変に手のかかるものなのです。注文する時も、受け取る時も、感謝し、恐縮しながらおわけいただくことになります。

さて、スープの中のスジが気になる人は漉して、スジも味わいたい人はそのまで塩味をととのえ、薬味に刻み葱を、できればあさつきなど緑を散らして出来上がりです。あっさりと上品で、しかも、しっかりと良い味があります。あまりあっさりしているので牛や豚で試したスジと同じニカワ質とは信じられないのですが、ひと晩たって、翌朝鍋をのぞいてみれば、ひと鍋そっくりゼリー状に固まっています。

鶏鍋専門の店では、このスジとガラを合わせてスープをとるそうです。うるさい店では、このスジとももの太い骨だけ使います。水炊きの鶏鍋には、こうしてとったスープが欠かせません。

このスープで新キャベツをことことと煮込んで、酢醬油をつけて食べるのもおいしいものです。酢はいつもより強めに使ったほうが、新キャベツの柔らかな甘さが生かされるでしょう。新キャベツの透明な緑の色も美しいし、ひと鍋作って、娘と二人でこればかり食べてしまったこともありました。

他には、カブ、長葱、冬瓜、それにお米もこのスープと相性がいいのです。これで作ったお粥は、さらりとした味なのに、体がよく暖まってきます。私たちの子供のころ、風邪をひくと、親は薬よりもまず滋養のある物を食べさせたものです。鶏スジで作ったお粥は「滋養」という言葉の感じにぴったりなので、風邪をひくとこれを食べたくなってしまいます。

最後にもうひとつ、中華そばにもこのスープを試してみてください。専門店では、太い豚骨や牛骨を叩き割って四時間あまりも煮つめてスープをとるそうですが、この三〇分とかからないスジスープも中華麺によく合う味です。鶏肉があったら、茹で、鶏の細切りを作り、塩味スープを使って、鶏そばを作ります。

生醤油を丼に入れて熱いスープをそそいで麺と合わせたものは、昔なつかしいさっぱりした支那そばの味です。

二章

味との出会い

話す楽しみ

食卓で料理の話を禁じられたら、暗闇の中で食べているような気分を味わうことだろう。

興味をひく料理に出会った時、調理した人と話をするのは楽しいものだ。そのためにでも、日ごろから親しい店を確保しておきたい、とさえ思う。

見事な料理に圧倒され、ただただ味わって満足することもあるが、そんな時でも、「おいしかった！」と伝えあうことができないとしたら、食べた物は胃のあたりにつかえたままになってしまう。

料理屋で作り方を聞く不作法については、たびたび聞かされている。そんなことを聞くのが不似合いな雰囲気の店もたしかにあるが、幸いなことに、そういうところでは、話をしたくて、うずうずするような料理には出会ったことがない。

タピオカは神秘の味

『アメリカの食卓』（文藝春秋）の著者である本間千枝子さんが、「日本の食生活は、およそ何でも受け入れてしまうので、珍しいものを探そうとしても、近ごろはあまり思い浮かばない」と前置きして、ひとつだけタピオカが日本ではまだ一般的でないことを指摘されています。

アメリカでは、タピオカはプディングやフルーツパイなどによく使われていますが、私がはじめてタピオカに出会ったのは、中国料理のデザートとしてでした。

その夜の料理は、どれもおいしく、献立もうまく組んであったので、私たちは食べすぎて胃の重さを後悔しはじめたところへこのデザートがでてきたのです。

よく冷やした白い汁の中に、真珠を鈍く透明にしたような小さい珠が沈んでいました。れんげで、この珠と汁をすくって口に入れると、よく冷えた甘い汁の中に、不思議な感触をした珠が入っていて、舌の上をころがりながら、つるりと喉を通ってしまいます。葛切りや葛餅など、あの葛の感触に似て、もっと柔らかく、あっさりしています。白い汁も牛乳とは違う軽さと風味があるのです。食べすぎを後悔したばかりなのに、あっ、おいしい、何の味だろうといいながら、次々に口に運んでしまいました。

メニューを見ると、「椰汁西米露」となっていて、この白い汁は、ココナツだとわかりました。西米というのがタピオカのことで、珠を露とはよくいったものです。

「タピオカ」ってなんですかと聞いても、そのころは、動物か植物かわからない人のほうが多かったのです。私はタピオカという木の実ではないか、と思っていました。ザクロかアケビのように、実を割るとこんなパール状の種がぎっしり詰まっているような気がしていたのです。調べてみると、これは熱帯にあるキャッサバという灌木(かんぼく)の根から作った澱粉(でんぷん)でした。根には青酸が含まれていますが、切って水につけて毒性を消し、澱粉質だけを特殊な網目のざるですくい取るそうです。

ある時、アメリカ人の友人にタピオカのことを聞いてみたら、「では、タピオカ・プディングを作るから」とお茶に招かれました。

そこで出されたプディングは、いつも食べているカスタード・プディングより腰が強く、わらび餅の感触に近いものでした。

粉を見せてもらうと、日本の葛粉(くずこ)をもう少し細かくしたような塊です。そして、彼女が、「マーケットにいくと、パールのように丸いタピオカもあるけど、あれは駄目。水にとかしても芯が残るから」といったので、私は、「あっ」と思い、内心、「それ、それ!!」と叫んだのでした。後でわかったのですが、パールのほうは「でんぷんを粒状にし、表面を熱して糊化させたもの」(『食用植物図鑑』)でした。

スーパーでは、パールタピオカは瓶詰になっていて、一二〇グラムで三百五十円。一瓶で四人家族なら二、三回は使えます。直径五ミリくらいのパールタピオカと、その半分くらいのミニタピオカがあります。私の食べたのは五ミリほどでしたが、茹でて膨張するはずですから、ミニが使われていたのかもしれません。ミニのほうが扱いやすいので、私はほとんどの場合、ミニを使っています。

どんな手品で球状にするのかと思っていたタピオカが、こういう形で手に入るのなら、後の調理はたぶん簡単、と思ったのですがそうはいきませんでした。中国料理や点心の本にも、西米露を扱ったものは見あたりません。機会のあるごとに、プロのコックさんはじめ、いろいろな人に聞いてみたのですが、茹で方ひとつにしてもそれぞれに違うのです。湯煎にして気長に、という人もあれば、熱湯の中で一五分という人もあるのです。そのとおり、ぐらぐらと茹でてみたら白い芯が残り、さらに茹でたら溶けてしまいました。湯煎ではいつまでたっても白い芯がとれません。

ああでもない、こうでもないとやっているうち、どうやら私流のやり方がきまってきました。ボウルにとったタピオカをぬるま湯に一〇分ほどひたし、鍋に熱湯を煮立たせた中へそっと移します。移したら珠がおどらないように火力を弱めて透明になったら火を止め、残っている白い部分は余熱で火を通します。

椰子(やし)汁は、ココナツパウダーを熱湯にひたしてからミキサーにかけ、十分すぎるほどすり潰してから裏漉(うらご)しし、ココナツの繊維を除きます。鍋に汁を入れ、ガムシロップを加え、一度煮立てたところへ、水溶き片栗粉を入れてとろみをつけ、牛乳を加え、ここへ茹でたタピオカを入れて冷やすのです。輸入品のココナツシロップを使えば好みの濃度にうすめるだけで簡単にできますが、風味の点ではやはりパウダーから自分で作ったほうがいいようです。

台湾育ちの辛永清さんは、蜂蜜入り麦茶の中にタピオカを冷やしたものが、子供のころの楽しみだったそうです。私も、レモン蜂蜜の中にタピオカと、皮をむいたマスカットを二つ割りにしたものを入れてみましたが、さっぱりした味わいで、夏のデザートとしてはこのほうが好ましいかもしれません。

他にも、アーモンド・シロップや、お汁粉に浮かせたものなど、いろんな使い方があるようですが、いずれも味が濃すぎると、タピオカの味が生きません。

この夏も、タピオカをよく作りました。

「ちょっと珍しいでしょ」なんて自慢しているうちに、気がつくと、最近はこのデザートをだす中国料理店がずいぶん多くなっています。そのうち杏仁(あんにん)豆腐みたいにポピュラーになってしまうかもしれません。そうなったら、口の中を涼し気にころがる不思議な感覚も、これはこういうもの、と当り前のこととしか感じなくなるのでしょうか。

食べ物に限らず、馴れやすいのが人間、などと考えていると、半透明なタピオカのむこうに、はじめていった音楽会のざわめきや、傷口のように気になって仕方のなかったはじめての口紅のことなどが思い出されてくるのです。

葛切り

梅雨の終りのむし暑い日のことでした。

久しぶりにでた新宿で、昼食を誘われたのに気がすすみません。

「葛切りもあるわよ。本物の」と友人がわざわざ断ったのは、前にいっしょにいったお店で、そうめんみたいな乾物の葛切りを出されたことがあったからでしょう。

「ほら、あなたのいう帯みたいな葛切りよ」と聞くと、氷といっしょに冷たい水の中でゆらゆらしている葛切りが目に浮かび、氷のぶつかり合う音がことこと聞えて、耳許が涼しくなってきました。

冷んやりした甘さが口の中をすべり、喉を打つのは、よほど食欲の落ちた時でも快いものです。

つれられていったのは、野村ビルの地下にある『下鴨茶寮』でした。この店なら、京都の本店へもいったことがあります。

蓴菜（じゅんさい）のお弁当を食べ、お目当ての葛切りが運ばれてくると、京都でお会いしたことのある店主がちょうどいらしていて、お抹茶（うす）をご馳走になりました。

「いかがでしたあ」とやさしい京ことばで聞かれて、

「こんなにきれいに葛切りを切るには、プロ用の特別の包丁でなければ、腕も特別でなければ無理でしょうね」と、今から思えばおかしな質問をしたのは、私が葛切りも、寒天と同じように、流しカンに厚く固めて、端から薄く切りとっていくものだと思っていたからでした。

「いいえェ」と、やんわり受けて、「ほんの四、五ミリ、薄く固めて、この幅に切りますんです」

あっ、そうか……。なるほど、そういうことだったのか、とすごく感心してしまいました。なにしろ、薄く切りとる自信がなくて、葛切りには手をださないでいたのです。

ほんのひと言聞いただけですのに、解けなくてさんざん苦労した知恵の輪のはずし方を教えられた時みたいに、あっけなく問題は解決されてしまったのです。

「朝、まとめてお作りになるのですか」と次に聞いたのは、話のつぎ穂に、というほどの何気ないものでした。

「いいえェ」また笑いながらの答えは、「注文の度(たんび)なんです」

「ええっ！」とまた、私は驚きました。

「時間がたつと、白濁してふくらんでしまいますから」

「へえェ……。そんなに簡単に作れるんですか」と聞くと、いとも簡単に、「作るところ、ご覧になりますか」

ビジネス街の昼休みは終ったらしく、店内には私たちしか見あたりません。しかし、板前さんもお休み時間でしょうし、前々から調理場を一目のぞいてみたいと思っていたのですが、図々しい気がします。

ぐずぐず、もじもじしているうちに、用意ができましたから、と結局、案内されてしまいました。調理場は明るく清潔で、客席のスペースと同じくらい広々としたところでした。

大きな鍋にお湯が沸いています。

その前で板前さんが、ボウルを見せて、

「葛は水で溶きます。分量は、同量よりやや葛粉を少なめに、ていねいにやれば、前の晩に水溶きして、下に粉が沈んだら上澄みを捨てて、捨てた水と同量の新しい水を加えます。アクを抜くんです」

板前さんは、流しカンに薄く水溶きの葛粉を入れ、簡易ペンチみたいなヤットコで、流しカンのへりをはさんだまま、お湯の上に浮かせました。

「湯煎に、といっても、お湯があまりぐらぐら煮立ってちゃスが立ってしまう。沸騰する前のところに浮かせて、白い葛粉が半透明になると、ほら固まってきますから、そしたらいっきょにお湯をくぐらせて」

と、ヤットコで挟んでいた流しカンを、ぐいとお湯の中へ入れました。すると、白濁していた葛は、さっと透き通って、見えなくなってしまいました。おや、お湯の中へ流れてしまったのか、と心配した時、さっとお湯の中から引き揚げ、蛇口の水を出しっぱなしにして水をあふれさせているボウルの中へつっこんでしまったのです。指先でカンの底の四隅をひっかくようにして、薄く固まった葛をはがし、さっと包丁を入れて氷水に放せば終りです。

その素早く、簡単なこと。私はまたも驚き、家へ帰るとすぐに作ってみたのです。

まったく簡単に、見事に、あこがれの葛切りができました。ひと晩、水にさらすところは省略しましたが、味はそんなに変りません。

水溶きした葛粉を流しカンに入れるところから、包丁で帯状に切り分けるところまで、三分あれば出来上がりです。あんまり簡単なので、夢でも見ているような気分でした。

後は黒糖を溶かして黒蜜を作り、たっぷりの氷と水を入れた器を用意するだけです。器には、塗り物がよく使われています。ガラスのほうが夏らしいと思いがちですが、使ってみると、葛切りの涼しさがかえって生きないものです。でも、これも透明ガラスだったからで、濃い緑か、ブルーの器だったら別な趣があるかもしれません。

味の記憶、京の滝川豆腐

　はじめて滝川豆腐に出会ったのは、むし暑い京都の街を歩いていて、ふらりと入った小さなお料理屋さんでのことでした。

　冷やしたガラス鉢の中に、細く切られた豆腐が、滝川の流れを模したように涼し気に盛られていて、青ユズのおろしたものが添えられています。ひと口、口に入れてみると、冷やりとした舌ざわりと、青ユズの香りの中から何かわからないのですが、懐かしいような良い味が伝わってくるのです。伝統的な日本料理など食べたことのないころですから、なるほどこれが京料理というものかしら、と感心したものでした。

この時に食べた他の料理のことも、店の名前もすっかり忘れてしまったのに、この一品だけ覚えていたのは滝川豆腐という名前のせいでしょう。別に流れるように見せたからといって味が変るわけではないのですが、目に快く、耳に涼し気に響いて、暑気を払うのです。

感心はしたものの、自分で作りもせず、調べもせずに放っておいたのは、そのころはまだ料理にたいした興味を持っていなかったからです。それから十年ほど、この料理のことを忘れかけていたころ、懐石料理を習いだした友人に招かれてゆくと、「滝川豆腐を作ったのよ」。すると、忘れていた記憶がふいに甦(よみがえ)ってきたのです。

友人のところでも、ガラスの器が使ってありました。ひと口食べてみて、「おや？　何か違う」と思ったのです。淡泊すぎる、というのか、単調すぎるというのか、これでは冷奴にしたお豆腐の味とたいして変らない。おかしい、と思ってみると、色も白すぎるような気がします。私の記憶の中では、もっと生成(きなり)っぽい色をしていたはずでした。

作り方を聞いてみると、木綿豆腐を裏漉しにかけて、寒天を煮溶かしたものと合わせ、塩少々を加えて、流しカンに入れて固め、トコロテン突きで、突き出すのだそうです。これでは、冷たくした豆腐の味と同じになっても仕方がないでしょう。

家へ帰って、持っていた料理の本を総動員して調べてみたのですが、豆腐を潰して、寒天で固める料理しかのっていないのです。少し違いがあるとしたら、寒天にゼライスも加える法があるくらいです。

その後も、お茶事に招かれ、何度かお向うに使われた滝川豆腐をいただく機会があったのですが、同じような味なのです。

たしかに味わったはずの「別な味」は、果して存在したのか、どうか。

気になったまま、仕事で精進料理の店を取材にいったら、夏のメニューに滝川豆腐がのっています。

「お宅も、お豆腐を潰して……」と聞くと、

「いいえ、それではお味がでません」と、女店主は胸を張って答えます。「大豆をミキサーにかけて、それをしぼって、汁だけ寒天で固めまして……」

あっ、これだと思いました。

ずっと頭のどこかにひっかかっていた疑問が、たぶんこれで解決されるのです。帰り道に大豆を買い、ひと晩水につけておき翌日ミキサーにかけました。ゴマ豆腐を作る時に使う木綿の袋に入れてしぼります。たまった濃い汁を火にかけ、寒天を溶かして入れ、おろし際にゼライスも加えて、流しカンに入れました。固まったところは、私の記憶に近い黄ばんだ色です。

トコロテン突きは、その時は友人に借りたものでした。子供のころに使った手作りの水鉄砲を四角にしたような、細長い木の筒の先に、真鍮（しんちゅう）らしい金物が格子面になってついています。入口から塊の豆腐を入れ、筒の内のりの大きさに切った板のついている棒でそろそろと押すのです。すると先っぽから、滝川の姿となった豆腐がでてきます。

ひと口味わってみると、うーん、たしかにこれ。コクも風味も、ただの豆腐をよせたものとは違っていて、あやふやに思っていた十数年前の味が、口の中にしっかりと甦ってきました。

しぼった袋の中には、豆かすが残っています。これは粗挽きのおからのようなもの。椎茸、人参、長葱などを入れて炒りつけるようにおからを炊いてみたら、なかなかの味です。大豆を砕いた小さな塊が、こちこちと歯にあたるところまで手挽きならではと勝手に自讃。夏になると、滝川豆腐は私のメニューに登場することになりました。

少々、手間はかかっても、自分で大豆から作るところがいちばん、といっているところへ、三宅菊子さんからしぼりたての豆乳を二本いただきました。築地にある、昔どおりの製法で作っている豆腐屋さんのもので、防腐剤入り、パック詰めの市販の豆乳とはまったく別なものです。

夜になって、豆乳はしぼりたてで、なるべくその日のうちに飲んでしまわなければ味が変る、といわれていたことを思い出しました。まだ一本半くらい残っています。で、私はこの豆乳を使って、深夜にひとりで、滝川豆腐を作ることになったのです。

出来上がったものは、私の手挽きのよりおいしいかもしれない立派な滝川豆腐でした。考えてみればいいお豆腐屋さんでは、選りすぐりの大豆を集めて、いちばんいい挽き方をするのですから、袋詰めの大豆を、その日の気分で、いい加減にミキサーする私の豆乳よりおいしいのは当然です。

最初は、トコロテン突きを持ち出して、滝川風にきれいに盛っていたのですが、そのうち四角い塊のままお皿に盛り冷奴でも食べるように、お箸でくずして食べはじめました。なにしろ、あまり簡単に大量にできてしまったものですから、食べ方も大まかになるのです。最初の時、こんな風にして食べていたら、味の記憶は、ぼんやりしたものだったかもしれません。

ほとばしる熱いスープの秘密、小籠包（ショーロンポウ）

小籠包の話をはじめて聞いたのは、横浜の中華街で、これもはじめてだった叉焼（チャーシュー）まんじゅうを食べていた時のことでした。叉焼は一センチ角くらいの塊、とろりとした甘いソースで和えてあります。ふっくらと白いおまんじゅうの先がはじけるように割れ、その中から赤い叉焼が咲きこぼれるみたいにのぞいているのです。それまで、中華まんじゅうといえば、中村屋の肉まん、あんまん風のものしか知らなかったのですから、私はこの鮮やかで、しっかりした味にうっとりとしていました。

するとと、いっしょに食べていた人が、「もっとすごいまんじゅうがあるらしいよ」というのです。「小林秀雄のエッセイにあるんだけど、中国で食べたまんじゅうは、中に熱いスープが入っているんだって。〝こいつをあわててパクリとやってはいけない。中に舌を火傷しそうな熱いおつゆが入っている〟なんて書いてあった」

口の中を幸せに占領していた叉焼まんじゅうの味を、ちょっと押しのけるみたいに、私の舌の上に熱いスープがぴゅっとほとばしる感じがしました。その日は、舌の上をちらりと走っただけで終ったのですが、日がたつにつれ、火傷しそうな熱いスープまんじゅうの感覚は、食べかけて取りあげられたご馳走みたいに気になって仕方がありません。柔らかな熱いまんじゅうを噛むむ。さらに熱いスープが口の中にひろがる。想像するだけで、おいしい味が口じゅうにひろがるのですが、しかし、スープはなぜ皮にしみてしまわないんでしょう。スープを包んで蒸すなんて不可能じゃないだろうか。

疑い深くなった私は、そのエッセイ集を探して読んでみると、なるほど、この方は河上徹太郎氏と二人で、早朝上海をたち、鎮江まで汽車、揚子江を北岸へ渡り、あるはずのバスがないというので、なんと十数キロの道を歩いて揚州へ夕方着くのです。まんじゅう屋は朝しかやっていないというので、「二人は汚ない宿で、一夜を明かし、翌朝、勿論、朝飯抜きで出掛けた」

枯松葉の敷いてある蒸籠にまんじゅうは並んでいるのです。「半分喰ひちぎらうとすればおつゆがこぼれて了ふ。放つておけば、おつゆが外にしみ出て了ふ。頃合を見はからつて、パクリとやらなくてはいけない」

私のあこがれはますますつのるのですが、そのころは中華街に、これを扱う店はなかったのです。そのころ、というのは、もう二十五年も前のことで、最近、ふっと気づいてみると、小籠包（このスープまんじゅうのこと）を扱う店が多く、ちょっとした流行みたいです。

私はメニューに小籠包を見つけると、すぐ注文して、次々と試してみたのですが、残念ながら、火傷しそうなおつゆのでてくるのは少ないのです。なかには、ただの肉まんじゅうを小さくしただけみたいなのもあるので、スープを強調して小籠湯包（湯＝スープのこと）と断っている店もあります。それでも、スープはちょろちょろと洩れてくるくらい。

ある時、カニ肉入り八個で、一人前二千円とすこし高いけれど、おいしい小籠包があると教えられたのでいってみました。

「スープがぴゅっ、とでてくるのを」とわざわざ断って注文したのに、どれもべたりと蒸籠にへばりついていています。

「あら、今日の蒸しすぎネ。スープ、下に流れてしまった」と中国人店主がいいわけをしたのですが、料金は同じでした。

いつも感心するのは、大門の『新亜飯店』です。ここのは十五年来、これが名物だそうで、フウセンのように薄い皮の中から、本当に熱いスープがぴゅっとでてきます。

スープを包んでなぜ蒸せるか、の答えは知ってしまえば、手品の種明しみたいなものでした。スープを冷やして、固形にすればよろしい。スープを挽き肉にすわせて半冷凍にする人、挽き肉に鶏スープのにこごりとラードをまぜる人、スジ肉のゼラチンをまぜる人、などいろいろなやり方があるようです。

　肉は機械挽きより、包丁でたたいたほうが粘りがでておいしいようです。葱、生姜、好みの調味料、ラードまたはゴマ油などを加えてよくまぜ合わせスープを加えながらさらによく練る。練ることで肉にスープをよく吸わせてしまう。そして冷蔵庫なり冷凍庫なりでねかせる。

　さて、ここまでわかれば作ってみないわけにはいきません。まんじゅうの皮は、気楽にパン種と同じ、と考えてもよいのです。市販の中華まんじゅうのようにふかふかと甘口にならない生地を作ってみました。

　小麦粉は五カップとします。できれば薄力粉と強力粉を半々にまぜ合わせます。生イースト一五グラム（ドライなら一〇グラムくらい）に砂糖大さじ一を加えて、カップ四分の一のぬるま湯で溶きます。ぶつぶつ泡立って、三、四分すれば倍量にふくらみます。大きなボウルに小麦粉をふるって入れ、ふくらんだイーストとぬるま湯程度に温めた牛乳一カップと四分の一ほどを入れてかきまぜ、よくこねます。くっつかなくなったら、こねた生地を入れたボウルにぬれ布巾をかけて暖かい場所におくと、発酵した生地は二時間ほどの間に二倍にふくらんでしまいます。ここでまたガスを抜いて練りなおし、一個ずつの大きさにちぎっていくのです。

『新亜飯店』の小籠包はぬるま湯と粉をよく練っただけ、と聞いて、イースト菌でふくらまないから、あの皮の薄さが可能だったのか、と納得したことがあります。でも、小林秀雄氏のエッセイの中には、あの揚州のまんじゅう屋では、「代々伝はる万世一系のイースト菌」で作っている、とありました。たぶん老麺(ラオメン)という天然イーストのようなものを使っていたのでしょう。老麺は日本では簡単に手に入れるわけにはいきませんから、イースト菌でやってみたのです。

私はまず市販の小籠包より、もっと小さいのを作ってみようと思いました。ひと口で食べられるなら、スープがこぼれる心配もないわけです。小さく作るのは、そんなに難しいことではありません。栗くらいにちぎったものをぺしゃんこに潰し、さらに打ち粉をしながらめん棒を使って薄く伸ばせばいいのです。小さく、小さくと作っているうちに、中には、十円玉ほどのミニまんじゅうだってできるのですが、こんなに小さくしては、ふっくらふくらんだ感触も、じゅっとでてくるスープの感じも味わえません。やはり、直径四、五センチのものが適当みたいです。

でも、適当な大きさのものは、理想のスープまんじゅうになったかというと、これも難しいんですね。薄く伸ばして、あんを包むところまではいいんですが、最後に包みこむところ、皮をまとめてくっつけるところで突然悪戦苦闘がはじまるのです。なぜか素人っぽく部厚く固まってしまう。極上のスープあんを作っても、このまとめの部分が、醜い巨大な出ベソみたいに居坐ってしまうものだから、快い食べ心地は味わえないのです。

どうやら小籠包は、五回や六回やって、うまくなるというわけにはいかない。プロの熟練した腕前が必要な、尊敬すべき食べ物のようです。

でも失敗したものでも、蒸したてほかほかって、とてもおいしい。蒸籠には松葉ではなく、キャベツ、白菜など敷きますが、洩れたスープを吸った葉っぱもなかなかおいしい。スープあんが足りなくなった時、チマキに使うつもりで煮込んであった三枚肉の塊を入れてみたら、叉焼まんじゅうみたいで、これもおいしかった。

こうして、おいしいとか、もっとおいしくとかいいながら、何度も作っていたら、次第に自分が失敗作のおまんじゅうみたいにふくらんでくるような気分になりました。しばらくは、小籠包は作らない、食べない、考えないことにいたします。

消えてしまったシチュー屋さん

「ビーフシチュー」といわれて、あなたはどんな料理が目に浮かびますか。

たぶん、深皿か土鍋などに、よく煮込んだ肉の塊と、人参やジャガイモ、玉葱などがたっぷりのソースといっしょに湯気をたてているところ。

その店ではじめて出会って「あっ」と思ったビーフシチューは、様子が違っていました。平皿に、深い色をしたソースで煮込んだ厚切りの肉片がひと切れあるだけなんです。とろりとしたコクのあるソースは、肉を煮込むだけに使われていて、それまでシチューの時にしていたように、スプーンですくって食べる、というわけにいきません。お皿の両脇についているのも、ナイフとフォークだけ。肉を口に入れると、とろりと柔らかで、肉汁のおいしい味が、口じゅうにやさしく満ちてくるのです。他には、別皿に、青々と茹であげたブロッコリーに自家製マヨネーズが添えられ、後はかっちり焼いたフランスパンがついているのです。

こう説明しても、今の若い人は、「何も特別のことはないじゃない」なんていうかもしれませんが、これは二十数年も前の話なのです。まだ、『ドンク』も神戸にしかなくて、本格的なフランスパンは貴重だったし、ブロッコリーなんていう洋野菜にも、私はここではじめてお目にかかったのです。

小さな店で、四、五人坐れるカウンターがひとつ。四人用の小テーブルもありましたが、たいていは荷物置き場になってしまって、使われているところは見たことがありません。

入口には、古い縄のれんがかかり『十八屋・佛蘭西料理店』と、達筆で書かれた木の看板がぶらさがっています。フランス料理とはいうものの、お客の食べているのは、たいていビーフシチューか、タンシチューで、作っているのは、年のころ六十くらい、ひっつめ髪のおばさんです。

前は、ご亭主がやっていた店だったそうですが、そのころはおばさんがひとりで頑張っていました。カウンター越しにのぞいてみると、丈の高い鍋にとろりとしたソースがたまっていて、これはご亭主の代からのソースに、新しいものを少しずつ足しているとか。

おばさんは、かざりっ気のない人で、物の言い方も荒っぽいので、お客もゆっくりくつろぐ、という雰囲気ではないのですが、私はこの店へよく寄っていました。

お店は、おばさんひとりで仕込みから食器洗い、掃除までやっているのです。

「手伝いにやとってよ。掃除でもなんでもするから」と、暇なライターだった私がいいます。

「たいした仕事はないよ」と、そっけなく断られます。

珍しく、宴会の予約が入って、二階の個室を使ってフルコースを作るので、アルバイトのボーイを頼んだ、といっていることがありました。

「なんで私に手伝わせてくれないの。面白そうだから、お金なんかいらないのに」と、残念がると、

「運びはね、ちゃんと白い服着せたボーイじゃないとね」と、おばさんがいいます。

「じゃあ、ウエイトレスの頭巾かぶって白いエプロンかなんかすればいいんじゃないの」

と、私はしつこくいうのですが、癇性のおばさんが怒りもせず、聞き流してくれました。

面白そうだから、などといっていましたが、私は、あのとろりと煮込まれたシチューに感心して、どんな風にしてこの料理が出来上がるかを知りたくて仕方がなかったのです。家庭で同じ物を作りたい、というような実用的な要求ではなくて、不思議なものをたしかめたい、という気分でした。たかがビーフシチューという方は、そのころの家庭料理の本をご覧になってください。たいてい、ひと口に切った牛肉に小麦粉をふって、油で炒めてから、粗切りの野菜といっしょに煮

込む、と書いてあるのです。トマトピューレと、ちょっとしゃれた本には赤ワイン少々なんですが、ワインを飲む習慣がそんなにないころですから料理に気軽に使えるはずがありません。

今でも、肉には小麦粉をふり、炒めて煮込む、と書いた本はあります。あれをやっていては、とろりとおいしいシチューはできないはずです。肉汁を逃がさないために、なんて書いてあるけれど、ソースが肉汁以上においしければ逃がすなんて心配はないでしょう。

最初はそっけなかったおばさんが、ぽつりぽつりと、シチューの話をしてくれるようになりました。作り方を順序立てて話すわけではありませんでしたが、断片的な話の中から、私はこれがポイントかな、と気づいたことがふたつありました。

ひとつは、肉は大きく塊のまま茹でておくこと。タンも一本のまま茹で、さめかけたところで皮をむきます。食べる分だけ切りとって、ソースの中で温める感じで煮込めばよいのです。

ふたつめは、ソースは漉してとるものであること。野菜もスープも肉もいっしょに、形がくずれるくらいにことこと煮込んでから漉して、それをさらに煮つめるのです。

今日のように、プロの料理を基にしたような水準の高い料理書が氾濫していれば、目新しいことではないかもしれませんが、当時の私には、ぱっと新しい視野が開けたような気がしたのです。この漉すということを知ったおかげで、カレーライスも、ブイヤベースも自分なりに納得いく味が作れるようになりました。

ソースのくわしい作り方は教えてもらえませんから、自分なりに工夫しました。肉やタンを茹でた汁を使うこと、玉葱を炒めること、後はスープ用の肉や人参、セロリ、ニンニクなどの野菜、トマトピューレと赤ワインをたっぷり入れてストーブにかけておくのです。これを漉すと、もっともらしいソースが出来上がるのですが、赤みがまさって、あの店のような深い色のブラウンにならないのが悩みのたねでした。砂糖をこがしたキャラメルソースを使うことを知りませんから、黒砂糖を入れてみたり、玉葱を色濃く炒めるのに苦労したりしました。

そんなわけで、工夫しながら来る日も来る日も、シチューばかり作っていたら、どうやら並のレストランのものより上等、本格風のシチューができるようになりました。気分よくした私は、芋版で、

Home Made
あまかす亭・日本

というラベルを貼って、シチューを瓶詰にしては友人に配ったものです。温めなおす際の説明書は、六センチ角くらい、数ページの小冊子にしましたが、コピーなどという便利なものはありませんから、毎回手書き、でもけっこう楽しんでいました。

仕事をやめて家に引っこんでから、十八屋へ寄ることも少なくなっていきまし

たが、下の子供が生まれるころ、おばさんからアルミの器に入ったシチューが、人づてに届けられたことがありました。本家の味はさすがです。私は湘南の干物をお返しに届け、「そのうち寄せていただく」と、手紙を書いたのに、それっきり会うこともないままに過ぎてしまいました。

先日、銀座へでて、松屋デパートの裏口へでたら、十八屋の縄のれんのかかっていたあたりには、ピカピカのビルが建っています。いつでも寄れると思い、いつかは寄ろうと思っていたのに、気がついてみたらアルミのシチューをもらってから十三年の月日が経っているではありませんか。消えてしまった十八屋の前で、私は玉手箱を開いた浦島太郎のように、茫然（ぼうぜん）としてしまいました。

三章
季節の味

舌の上の暦

料理を習う、というと、たいていは調理の技術を教わることである。それも必要には違いないが、どんな立派なご馳走を作っても、食べる者の気分と合っていなければおいしくはないものだ。

食べさせる相手が何を欲しがっているのか、どんな料理を作ればおいしく食べられるか、といったことは、一括して他人から教えてもらうわけにはいかない。

大切なことは、味の感覚を敏感にしておくことで、そのためには、毎日の食事を漫然とすませないことである。耳を澄ませるようにして、舌や胃袋が何を欲しがっているかを聞いておこう。

おいしく食べたものは、たいてい舌が憶えている。季節がめぐってくるたびに、自然に舌の上に思い出される味がある。

当り前のことだが、味の暦は本の中や、年中行事のいい伝えを探るまでもなく、自分の感覚の中に残っていくものである。

筍(たけのこ)は皮がおいしい

子供のころ、嫌いだったのに、大人になって好物になったもの、ってありませんか。

私は筍と茄子。どちらも「好き嫌いをいわない！」と叱られながら、いやいや口に運んでいたはずなのに、いつの間にかシーズンが待ち遠しく、旬の間には毎日のように食べずにはいられないのです。

私には摘み草の習慣があるので、春になると、自然に地面の様子に目がいきます。冬の硬く乾いていた土は、春が近づくにつれ、次第に湿気を帯び、やわらかさをとりもどしてきます。ひと雨降って、ぐっと地面が黒っぽく濡れた日など、まず目に浮かぶのは、土の中から黄色のとがった先っぽを突き出してくる筍です。鎌倉では、筍がでるのは四月の中旬で、その前にフキノトウもツクシもヨメナもでてしまうのに、なぜか春の予感は筍ではじまるのです。

筍のあの歯ざわりも、香りも、アクさえもが、ものみなまっすぐ伸びていく春の感触です。竹を割ったような、という言葉がありますが、筍の味わいにも、そんなまっすぐな勢いを感じます。

だから、筍はまだ土の匂いのする掘りたてがいちばん、特別といわれている京都の筍は、柔らかく、みやびな味にはちがいないけれど、送られてくる間にも勢いを失っています。ひからびた土のこびりついている京の筍より、掘りたての土地のものがいい、と私は思ってしまうのです。

うちの狭い庭の隅に、孟宗竹（もうそうちく）が十本ほどあって、毎年筍がでてきますが、よほど邪魔なところへでてこない限り食用に掘ることはありません。竹をふやしたいし、筍が日に日に伸びていく様子を見るのは楽しいものです。最初は二、三センチずつしか伸びなかったものが、次第に勢いづき、背丈ほどになったあたりから、ぐんぐんと伸び、やがて見上げるように高くなると、小さくなった衣服を脱ぎ捨てるみたいに、竹の皮を落としていきます。

最近は竹の皮を売っている店が少ないので、私は中華チマキを作る時のために、庭の皮も、近所の山裾のものも拾い集めて乾かしておきます。去年は二百枚も集めて、友人たちにわけてあげたものです。

筍は何にして食べてもおいしいけれど、ひところ凝ったのは、焚き火での蒸し焼きでした。たしか『壇流クッキング』（中公文庫）の中で読んだのがきっかけで、土の中に生えている筍のまわりを掘ってモミガラなど入れてその上で火を焚いて、土の中に埋めたまま蒸し焼きにするか、掘りたてのものを、皮をつけたまま芯をくり抜いて逆さにし、中に酒と醤油を詰め、大根などで蓋をして、焚き火の中に立てて蒸し焼きにするのです。

まだ根につながっている筍を蒸し焼きにするのは、なんだか気がとがめるものです。風もなく、しんと静かな日には、竹藪が息をころして苦痛に耐えているような気がするし、風があって、竹の葉がさらさらとゆれる日には、竹がうらめし気に、髪をふりみだしているような気がします。

　結局、生えたままの蒸し焼きは数回試みただけで、後は焚き火をして、おき灰を作っては筍を掘ってさし込むことになりました。

　おいしかったか、と聞かれれば、たしかに上手に蒸し焼きにしたのは、茹でたり煮たりしたものより、強烈に筍の味がします。でも、失敗も多く、味がなかなか安定しないせいか、食べながら、こんな味だろうか、もっとおいしいのではないだろうか、と探ったり疑ったり。落ち着いて味わったことも、満足して食べたこともなかったような気がします。

　考えてみれば、人間の想像力を超える珍味なんて、世の中にそんなにあるはずがないのかもしれません。前もっての生半可な知識が、これでもか、これでもかというように際限のない妄想を生んでしまうのです。新しい味と出会う時には、放り出されたものにぶつかるみたいに、説明なしなのが理想かもしれません。

蒸し焼きの後は、掘りたてを茹でただけで、お刺身のようにして、ちょっと醤油をつけて食べるのが好きになりました。これは失敗が少ないし、こういう味、と納得して食べたものです。

「筍らしい味」の追求の後では、だし汁をたっぷり使って煮ふくめたものの良さも改めて味わい、そして、この二、三年、好きになったのが、皮の柔らかいところを炒りつけたものです。

筍は土を落として、皮に一直線に包丁を入れ、皮をつけたまま茹でて、そのまま冷まし、皮をむきます。皮の柔らかい部分を、繊維に沿って、細く切ったものは、ワカメと合わせて汁椀に仕立てますが、名前だけ若竹汁などと呼ばれても、汁の中の竹の皮はたいして香りもないものです。

でも、これを繊維に直角になるように細く切り、ゴマ油で炒めて、赤唐辛子を刻んで入れ、だし汁と醤油を合わせたもので炒りつけるように煮込んでごらんなさい。とてもおいしい。筍のちょっとエグいような感じと、ぴりっと辛い唐辛子がアクセントになって、筍の香りとたしかな味があるのです。酒の肴(さかな)にもいいし、温かいご飯のおかずにも合います。

最近では、筍の季節を待ち遠しく思うのは、この皮の炒り煮が食べたいからではないか、と思うほどです。

タコスの解放感

やわらかな若葉があふれるにつれ、戸外の空気が快くなってきます。朝、目がさめると、まず窓を開け放します。

この季節には、野性的なことが好きになっています。私の家では、タコスを作るようになります。タコスは、もともとはメキシコの食べ物ですが、食べやすく、食べやすくと、自己流にアレンジしてしまいました。コーンミールと小麦粉半々、それに卵と牛乳を入れてこねたものを伸ばし、柏餅（かしわもち）の皮みたいに二つ折にして油で揚げたものに、肉や野菜をはさみます。

肉は牛肉の薄切りを炒めたもの、野菜はレタスにスライスした玉葱、トマトがあれば厚い輪切りにして、皮の間にはさみ、タバスコと塩をふりかけてかじりつくのです。単純な食べ物ですが、コーンの皮の香ばしさに、肉の味や野菜の歯ざわりがまじりあって、なかなかおいしい。それに、コーンミールの粗い感触、両手でつかんで、大きな口を開けてかじりつく。指先からお箸やフォークを捨てて、荒々しい食べ方をすることに解放感があるんです。

私がタコスにはじめて出会ったのは、もう二十年も前のことです。横浜に住んでいるころ、夕涼みの帰りにふらりと入った小さなイタリア・レストランでのことでした。

メニューを見ると、一品だけ「タコス」というメキシコ料理がありました。気まぐれに頼んで、揚げたての皮をひと口かじって、「おや……」と思いました。「おや、おいしい!」と思ったのは、メキシコの料理なら、土着的な、というのか、もっとボッソリした地味な味だろうときめていたからです。

豊かで、ふっくらした味に感心し、改めてながめれば、皮の作り方さえわかれば後は野菜と肉をはさむだけです。
二、三度通って、マスターに作り方を尋ねてみたら、「コーンに小麦粉を加えて、水でこね、油で揚げるだけです」。そのとおりに作ってみたら、ぼそぼそと固くてくずれやすい皮しかできません。そこで、ふっと思いつき、つなぎに卵を入れてみたらお店と同じ味ができてしまいました。
ちょうど料理に熱中し始めたころでしたから、友人たちの知らない目新しいメニューを開発したことが得意で、より完全なタコスを知りたくなりました。

まだ、メキシコ・オリンピックも開かれていない時でしたから、そのころは、メキシコ料理の文献も専門店もありません。私は週刊誌に小さなコラムを持っていたのをいいことに、取材の名目でメキシコ大使館へ出かけていきました。

コックさんは幸い日本人で、白い調理服の襟元から紺と赤のスカーフをのぞかせて、小粋な人でした。

彼の話によれば、タコスの皮はトテアと呼び、メキシコのパンのようなもの。そのまま食べることもあるし、中にはさむものによってタコスと呼ばれる。市販のコーンミールとは全然違う粉を、オリーブオイルで練るのだといって、冷蔵庫から出して見せてくれたのは、なんだか石を砕いた粉でも固めたみたいに白っぽい、硬そうな円形の皮でした。

私はひと口でいいから味わってみたくて、「舌ざわりは」とか、「味はどんな」などと、遠回しにしつこく質問したのですが、とうとう最後まで、ひとかけらも食べさせてもらえませんでした。

白いコーン、ってあるのだろうか、という疑問は、ある時いただいたアメリカ製のコーンの粉が真っ白で、粒の中心部だけを精製したもの、と教えられましたので、たぶんこの手のものと納得したのです。

代官山にメキシコ料理店があるというので、本場仕込みのタコスを食べにいってみたのですが、ここのは、やはり黄色で、おせんべいみたいに硬い皮でした。中の具は煮込んでペースト状になった挽き肉やら魚やらです。

おいしかったか、と聞かれれば、残念ながら、なじみにくい味でした。最初から最後まで、実験のために食べてでもいるように、

「こんなものなのかな」とか、「おいしい味だろうか」などと自分に聞きながら、のろのろと口を動かしてしまいました。

噛みしめているうちに思い出したのですが、横浜の小さなイタリア・レストランで、メニューを見ながら想像した味、「土着的で、ボッソリした」を、具体的にしてみると、このタコスになるのかもしれません。こういう味は、食べ馴れていくにつれ、おいしくなってくるものでしょう。

私の作る日本風タコスは、本場タコスにくらべると愛想がよすぎるかもしれません。

最近、スーパーマーケットに、アメリカ製の缶詰やら、袋詰やらのタコスが出まわっていますが、これは食べごたえのない、無機的な薄焼き、といったもので、まったく魅力がありません。

似たようなもので、インドにはプーリという揚げパンがあります。

私はインド料理の店で、キッチンに入りこんで、プーリを揚げるところを見せてもらったことがありますが、インド人コックは、揚げ油の中へ、平気で手を入れてひっくり返したり、取り出したりするのです。インドの人って、子供のころから右手で食べ物をつまんで食べているので、指先の感覚が私たちとは違うようです。なにしろ、舌を使わなくても、指先で味見ができるのだそうです。だから、インド人は食べ物を三度味わう。まず指先で、次に鼻で香りを、最後に舌で味わう、とか。

インド人風にいえば、わがタコスは、「まず指先に解放感を味わい、次に大きな口を開けてかじる解放感を味わい、最後に口いっぱいに広がるおいしさで、また解放感を味わう」というわけです。

仔羊中毒になって

羊の肉は臭いから嫌いだ、という人、まだ多いようです。

羊とひと口にいっても、一年以上たった成羊はマトン、仔羊がラムと呼ばれて、臭いも味わいもだいぶ違うのです。ヨーロッパでラムが春の食べ物とされているのは、冬の間つけていた脂肪を落とす四、五月が、肉がおいしくなるからとか。

日本のように輸入の冷凍肉を主としている国では、こうした季節感はありませんが、私も最初に羊を食べて、おいしさに驚いたのは春の終りのことでした。

十五年も前のことで、気持ちのいい五月の風に誘われて、北鎌倉をぶらぶら歩いていたら、山をくり抜いた小さなトンネルがあって、くぐり抜けてみたら、ジンギスカン料理の店の前にでていたのです。

蒙古（もうこ）のパオを模した建物の中に、西洋のカブトみたいなジンギスカンの鍋がありました。ここで肉や野菜を焼くのですが、羊嫌いの人もあるからと、牛ロースも用意されていたのです。羊といっしょに食べてみると、牛肉の味は単純でなにか物足りない。羊、おいしい、と感心したらすぐに、仕入れ先を聞いて、この店の帰りにはもう買っていました。大きな茶筒みたいに円柱形に巻き込んだラムでした。端から薄く切って、庭でバーベキューをしては食べました。

ラムは臭みも少ないはずですが、食べられない人もあって、大勢で食べる時にはチキンと両方用意しました。幼稚園児になったうちの娘も、最初口にした時はべそをかいていったものです。「この肉、お父さんの臭いがするから食べたくないの」

いつも買っていた肉屋で、ラムを扱わなくなり、おいしさを忘れかけていたら、鎌倉に新しくできたビストロ『丸山亭』で、別な羊の料理に出会ったのです。数本のアバラ骨をつけたままの塊肉の蒸し焼きで、キャレダニオンと呼ばれていました。キャレとは四角という意味だそうですから、角ばった塊のまま焼くのを呼ぶのかもしれません。

香ばしそうに焦げ目をつけたパン粉をかぶった肉の塊を、ワゴンの上で切りわけお皿に取ってくれます。内側は紅色のレア。銀の壺に入ったソースと、よく切れる肉切りナイフとフォークを添えてくれるのですが、私がこれを使ったのは最初の一、二回だけ。ソースも何もつけずに、骨を手で握ってかじって食べるのです。

なんておいしい、と感心して食べるうち、今度は仔羊中毒でした。週末に食べにいきます。数日すると、口の中にムニャムニャと、仔羊を食べたい欲望が湧いてきます。次の週に入ると、一日に何度も仔羊の味を思い出して、食べるまで気分が落ち着かないのです。

料理を作り始めたころ、気に入ったものがあると、同じものばかり作ったり、食べたりして「偏食児童」とからかわれたものでした。久しぶりに昔のくせが戻って、私はどこへいってもフランス料理では仔羊を注文しました。有名ホテルのもの、某食通がここでなくてはと、推薦している店、大きな暖炉の薪(まき)の火で焼いてくれた店、「空輪のフレッシュ（冷凍でないの意）です」とわざわざ断った店、フランス人のシェフの店、旅先のホテルと何十軒も試してみたのです。

がっかりするのは焼きすぎでした。火が通りすぎては、生々しいおいしさがなくなってしまう。では、とベリー・レアを頼むと、口の中にいやな脂肪の感触が残る。ソースをたっぷりかけてあるのも迷惑で、肉の味が味わえなくなってしまう。というわけで、満足した店は、まことに少ないものでした。

若いころは、気に入ったものがあると、軽薄なくらいすぐに取り入れてしまったものです。この仔羊料理も、家で作ってみようか、と何度か思ったのですが、楽しみを外に残しておくのもいい。食べたいものを次々と作っていては忙しくなるばかり、と自分にいいきかせていました。

去年の冬、別の取材があって、このビストロの調理場に入れてもらったのです。すると、骨つきラムの塊がでていて、ちょうどあの料理にかかる、というところです。私は昔の知りたがり屋に戻ってしまい、作り方を習ってしまいました。案外簡単、家でやってもうまくいきましたから、作り方を書いてみましょう。

難しいのは肉の下ごしらえで、親切な肉屋さんにでもやってもらえれば上々です。骨つき背肉を塊のまま求めたら、まず、①皮と脂肪を落とします。薄皮もはずしてください。②肉の薄いほう三センチくらいのところへ横一直線に、表裏とも骨に当るまで切れ目を入れて皮をとり、次に骨と骨の間に包丁を入れて肉を除き、持ちやすいように骨の先っぽを出します。③細い骨をつなぐようにして、肉の中に太い骨が埋まっています。これを厚刃のよく切れる包丁で、たたくようにして切り落とします。後は、肉に強めの塩、コショウをして、室温に馴らすみたいに、しばらく放っておきましょう。冷凍肉をすぐ強い火にかけると、おいしさをのがします。その間に、オーブンを温め、肉をおおうパン粉の下ごしらえです。

まず、ニンニクをすりおろし、パセリをみじんに刻み、パン粉と共にボウルへ入れて、塩、コショウ、サラダ油を加えて、よくまぜ、全体をしっとりさせます。

フライパンに油を熱し、肉をソテーします。ここで羊の脂肪を落としてしまうのが臭みをなくすコツ。両面を強火でこんがり焼いてから、肉の上へ先ほどのパン粉をかけて、熱したオーブンに入れるのです。

しかし、強火で焼いて、などと口でいうのは簡単ですが、プロの調理場を見学した後、家庭のレンジを使ってみるとなんだかロウソクの火で調理しているみたい。火力の違いに愕然（がくぜん）とします。何分間熱して、なんて書いてある料理書があるけれど、あの火力の違いをみると、数字では意味がない、と思ってしまいます。

料理書といえば、権威のあるフランス料理の本を見ると、オーブンに入れる前に強火でソテーするなどとは書いてありません。下ごしらえしたら、そのままオーブンです。日本人ほど、肉の臭みに神経質ではないのかもしれないし、本場の羊の肉はもっと良い状態で手に入るのかもしれません。

六月の赤いトマト

もう二十年も前のことになりますが、ひと夏、三宅坂の国会図書館へ通って、『食道楽』という小説を読んだことがあります。

『食道楽』は、村井弦斎（むらいげんさい）という人気作家の書いた明治末期の大ベストセラーで、全編これ料理の話、それもメニューから作り方、材料、費用まで、細かく具体的に述べながら、同時に食生活の啓蒙を行ない、ラブ・ストーリーを展開していく、という信じられないような小説でした。

和食も中国料理も登場しますが、圧巻は西洋料理で、明治の時代に、よくここまで広く、かつ本格的に迫ったものだと感心させられます。

「西洋の野菜で赤茄子ほど調法なものはありません。滋養が多くって味が好くって」と、作中のヒロインが語っています。

「赤茄子の味を知らざれば、共に西洋料理を語るに足らず」とあるので、いったい赤茄子って何だろう、と思ったら、トマトのことでした。

　赤茄子のさまざまな食べ方のひとつは、マイナイス・ソースで和えるのですが、作り方はこう説明されています。

「三人前なら玉子一つを固く湯煮(ゆで)て黄身(きみ)ばかりを裏漉しにして生玉子の黄身一つを混ぜて芥子(からし)を小匙(さじ)に半杯、塩を小匙に半杯、砂糖を小匙に一杯、胡椒を少しとそれだけ加えてよく練り交ぜてサラダ油をホンの極く少しずつ注(つ)いで行って大匙三杯だけ加えて西洋酢を一杯入れてよく混ぜるのです」

　そのとおりに作ってみたら、マヨネーズが出来上がりました。今風のマヨネーズの作り方とくらべてみると、玉子の黄身の茹でたのを加えるところが違っています。こうすると味が重くなりますが、その代り、分離というマヨネーズを作る時の大きな失敗が起こりにくくなります。

ずっと昔に読んだ『食道楽』を思い出すことになったのは、最近、ちょっと評判になったパーティーの話を聞いたからです。

おいしいサラダが何種類かでて、最後に上等のローストビーフがひと切れ、コーヒーとほんのひと口のケーキでおしまい。

「とってもいいおもてなしだった。およばれの後の食べすぎの不快感がなくって、おいしい満足感と、さわやかな幸福感がいっしょになって、ステキな気分だった」

気がついてみれば、私も最近、食べたい、と思うのは、手のこんだ肉料理などではなく、あっさりと、さわやかな味のサラダのほうが多いのです。

おいしいサラダを食べた後って、新鮮な空気を胸いっぱい吸いこんだような気分です。身体の隅々の細胞までが甦ってくるように。

サラダ大好き、という人が多くなった理由のひとつは、おいしいサラダを食べる機会がふえたからだと思います。

ビストロと呼ばれる店で、メニューを開いてみると、オードブルのところにサラダがいくつかあがっています。グリーン・サラダの類とはひと味違うオードブル風サラダで、魚貝類のサラダとか、リ・ド・ヴォーのサラダとか、子鴨のサラダとか、動物性の美味を少々加えたものがあります。あっさり和えた新鮮な野菜の中の少々の動物性の味がうまく効いて、一品の料理としての満足感を味わわせてくれるんです。

イチゴやキウイなどの果実を潰して作ったソースで、魚貝類を和えたサラダも、ビストロ時代のものでしょう。

さっぱりした味わいもいいし、白いお皿に鮮やかな真っ赤のイチゴソースや、薄緑のキウイのソースは、見た目にも楽しいものです。

作り馴れると、意外に簡単。イチゴなら裏漉しにかけて、ドレッシングと合わせるか、好みによってはレモン汁をしぼり込むだけ。

三角形に切りそろえたチーズや、薄く輪切りにしたサラミを並べたサラダは、ずいぶん前からありましたが、おいしい、と思った記憶がありません。

こうしたサラダは、不思議なことに、たいてい木製の小さなボウルで、細切りにしたキャベツを上げ底にするための詰め物みたいに敷いて、レタスは巻きこんだままの四切りか六切り。櫛形に切ったトマトが二、三切れ、斜めに薄切りにしたキュウリ、缶詰のアスパラが突き刺したように立っていて、生ピーマンの細切りが散らしてある、といったスタイルにきまっていました。

ついてくるソースも問題なのでしょうが、もしかしたら、こんな小さな器に詰めこまれていては、どんなにおいしいソースがあっても、味をなじませることができないのかもしれない。

時々、想像することがあるのです。この野菜を大きなボウルへ移してやり、レタスなど手でちぎってみます。塩、コショウをふりかけ、ボウルごと二、三度ゆすって、レモン汁をさらにふりかけ、サラダオイルを加えてやったら、案外おいしいサラダができるんじゃないかって。

弦斎先生の赤茄子は、自分の畑でもいだものでした。陽の光を浴び、枝先で赤く熟したトマトは冷やしただけでおいしい。

六月には、ハウスものでないトマトがでてきます。赤くしてからもいだトマトを見つけて、「簡単なほどサラダはおいしい」といきたいものです。

汗をふきふき極辛カレー

外国の人が、冬の日本にやってきて奇異に思うことのひとつは、ガーゼのマスクなんだそうです。街を歩く人が、手術室で医者が使うようなマスクをしている。「あの人たちは、みんな口許にケガでもしているんですか」なんて。

ガーゼのマスクくらいで、風邪のウイルスは防げない、とお医者さんはおっしゃるようですが、あれは温かくて気持ちのいいものなんです。ちょっと喉が痛い時、喉はなんともなくても、空気の冷たい日など、マスク一枚で呼吸が楽になるような気がします。

私の子供のころ、マスクはもっと過激でしたから、ウールだったのか、ネルだったのか、厚手の黒い菱形のもので、金属のへりを打ち込んだ空気穴もちゃんとあいていました。

私は大きな体をしているのに、喉だけが弱いので、冬になると昔のあの黒いマスクがうらやましくなります。とりあえず白いマスクを使い、冬の終りになると、きれいに洗って、夏に備えるのです。

夏になぜマスクが必要か、といいますと、わが家では、暑さと競うようにして、その名も極辛カレーという、辛い辛いカレーを作ります。辛みをだすのに赤唐辛子を使います。細かく刻んだ赤唐辛子をひと山も炒めていると、喉がひりひり、咳がでたり、時には涙まででてしまうんです。目のほうは、辛くなっている手で触らないことが大切で、喉のほうは、マスクをしてガードをする、ということになります。

カレーの作り方は実にさまざまです。日本にはカレー粉、なんて便利なものがあるので、カレーという香辛料があるような気がしていますが、これは何十種もの香辛料を挽き合わせたもの。だから凝っている人は、好みの香辛料を潰したり、挽いたりするところから始めます。

でも、そんな風に手をかけ、時間をかけ、品々をそろえて作った本格カレーが、簡単に作ったカレーより、必ずしも好ましいとは限らないのです。

煮立てたお湯の中に、玉葱を薄切りにしたものと細切れ肉を放り込んで、火が通ったら、固形のルーを煮溶かすだけ。五、六分でできてしまうのですが、時にはこれもすごくおいしい。欠点は、続けて食べると、すぐあきてしまうこと。ファストフードって、うまくできているみたいでも、あきっぽい味なんですね。

私の極辛カレーは、まったく自分勝手流です。いつかはちゃんとした作り方を調べて、本格的なカレーを作ろうと思っていたのですが、食べ手の舌にあわせて、ああとか、こうとか味を探しているうちに、これでけっこう、ということになってしまいました。

作り方は、まずスープ・ストックを用意します。牛タンなどを茹でる機会があると、茹で汁を捨てるのがもったいないので、カレーを作っておこう、ということとになります。他に鶏ガラだったり、冷蔵庫に干からびつつある肉があれば、これを刻んだり。

ラードで、玉葱、トマト、ニンニク、生姜、他に人参でもセロリでもありあわせの野菜を刻んで炒め、スープでぐつぐつ煮はじめます。火が通ったら、香辛料を入れます。最近は、インド料理店で売っている十数種の香辛料をセットしたものに、赤唐辛子を多めに加えて使っています。大切なのは、これも炒めること。なければ仕方がない。うちの棚にあるカレー粉に、ナツメッグだのコショウだの加えてすませますが、そんなに物足りない出来でもありません。

三、四時間ことこと煮たら、全部を漉し器で漉してしまいます。せっかくの香辛料も、肉の切れはしなんかも、みんな捨ててしまうわけですから、ちょっと惜しいような、後ろめたいような気分ですが、漉し器の下をご覧ください。なめらかに、濃縮された、おいしそうなカレースープがたまっているんです。

ここで、味の調整をします。塩味をととのえ、チャツネなども加えたら、サフランをうやうやしく入れます。

サフランだけ、後から入れるなんておかしい、といわれるかもしれません。でも私は、このちょっぴりで何千円もする香辛料を、漉し器に残る残骸の中に入れるのがもったいないものですから、サフランだけは特別扱いです。サフランを入れると、うこん色に染まったスープは、いっそうおいしそうに見えます。

このスープで、改めて野菜や肉を煮るわけですが、私は茄子を入れただけのカレーが好きです。おいしいスープをたっぷり含んだ茄子のおいしいこと。

私はこれで満足なのですが、残る家族は、スープはさらに辛く、ジャガイモも肉もたっぷり入れて、と望みますので、私用のカレースープを別鍋にとり分けてしまうと、またマスクをかけて、香辛料の山を炒めはじめるのです。刻んだ赤唐辛子、ニンニク、生姜、粒コショウなど、マスクをしているのに息をとめ、なるべくもうもうの煙を吸わないように、なんて思いながら。

かために炊きあげたご飯の上に、極辛カレーをかけ、氷の入った大きなグラスを用意して、食事がはじまります。あきれたことに、さらにこの上にタバスコまでかけるのですから、辛さに関しては、わが家族は異常な人たちかもしれません。

口をとがらせるようにして、フウフウいいながら食べるのは、熱いからなのか、辛いからなのか。見る見る、みんな汗を流しはじめ、タオルで汗をふいたり、シャツを脱いだり。まるで、スポーツでもしているみたいにダイナミックで、眺めている限りは、とても健康的です。

「そんなに辛いもの食べて、胃ガンにならないかしら」と、よくいわれます。

実は、胃ガンとまでいかなくても、私がこのカレーを食べると、時々胃痛をおこします。ほんの何口かできりきり胃が痛くなってしまうのに、この人たちは、お代りまでして、すごい勢いで食べて、食べ終ると、実に爽快、といった顔をしているのです。人間といっても、いろんな出来の人間があるんですね。

朝茶、朝露、いい朝ご飯

一年じゅう変らず朝のご飯を食べているのに、「夏の朝ご飯」というと、なぜか、特別楽しい響きがあるような気がします。

暑い一日がはじまる前の清々しい時間に用意されるからでしょうか。それとも、茄子、キュウリ、新生姜や、ミョウガ、といった大好きな夏野菜が、夏の朝ご飯に合っているからでしょうか。私は夜型人間で、朝の仕事はできるだけ省きたいのですが、夏の朝ばかりは、なぜかいい舞台を作りたがっている演劇人のような気分で、いい朝ご飯を作ってみたい、と思ってしまうのです。

夏のお茶事に、朝茶があります。明け方から準備して、六時ごろにはじまり、涼しいうちに終ってしまう、という簡潔なお茶事です。お茶のお稽古はきちんとしたことがないのに、私はずっと朝茶にあこがれているのです。

毎年、今年こそ朝茶をしてみよう、と思うのですが、朝の五時や六時にお呼び立てするのも気がひけます。せめて、泊り客のあった時にと思うのですが、そんな時には、たいてい前の夜遅くまでおしゃべりをして、いつもよりいっそう遅く起きることになってしまう。

朝茶といっても、特別難しいことをするわけではありません。打ち水をした庭の見えるお座敷で、朝露の中から、摘んできた花などをいけ、お膳を前にして坐ってみよう、というだけのことです。

お料理もいたって簡単に考えています。例えば、かたく炊きあげたご飯は、しゃもじでひとすくい、そのまま、お茶碗の手前に盛り口が一文字になるようによそいます。

濃い八丁味噌など使った味噌汁には焼き茄子、ミョウガなど。お向うはキュウリをもんでエビと合わせたもの、なければインゲンのゴマ和えなど。椀盛りは夏野菜の煮物に、箸洗いには、コブだしの中に梅干のひと切れを落としただけ。八寸では卵を使ってだし巻きにし、いつもならだし巻きに添える大根おろしの中に、もみのりや白子干(しらす)しなど入れて、海の幸、山の幸を揃えたこととします。

朝茶でいちばんのご馳走は、香の物で、たっぷりと最初からだしておきます。ご飯のお代りには、新生姜の細切りや青ジソの刻んだものをまぜるとか、ゆかりでもふりかけてみると、ちょっと変化があって楽しいものです。この後に、お菓子をひと口、そしてお薄をたてて終りです。

特別、何をするというわけでもないのですが、たまには背筋をのばして、きちんと坐り、気持ちのいい朝の、そんなひとときを共有してみたいのです。

朝茶に招かれたこともあるのですが、七時ごろから始まって、次々とご馳走がでているうちに、昼近くになっていました。暑い茶室で、汗をにじませ、何時間も坐っているのは苦行のようなものです。涼しいうちに、簡潔に、が大切で、お料理ははしょってもいいではないか、と思うのは私が門外漢のせいでしょうか。

頭の中で考えているだけで、実際に朝茶を催したことはないのですが、くり返し考えていることで、毎日の献立に少しは影響があるものです。味の変化、組み合わせに敏感になるような気がします。

友人が大勢泊っていた時、好きな朝食のおかずを聞いたことがあります。焼き茄子とか、キュウリや茄子のお新香とか、キスの風干し、アジの開き、刻み葱たっぷりの納豆など。日本人って、塩味の勝ったものが好きなんですね。聞いているうちに、口の中が塩からくなってくるのを感じました。

ある時、京都の旅館で見事な朝ご飯に出会ったことがあります。落し卵、茄子とインゲンとカボチャの煮物、生揚げの焼いたものほんのひと口、それに香の物。特別のものはひとつもなかったのですが、香の物は大きめの鉢で、ぬかみそ漬けの白瓜の、浅黄色が鮮やかでした。卵はほどよく火が通って、味がついていないほどの薄味。カボチャも薄い甘味で、それぞれのもっている味をよく生かしていました。茄子だけがかなりはっきりした甘辛の味で、嚙むと甘いおいしい汁がじゅっとあふれてきます。

この時のたった一度の経験を境に、私の朝食の好みが変りました。ひと味、甘みのある一品がなければ物たりなく感じるのです。

この夏も、茄子の煮物をよく作りました。茄子は油と合うものですから、一度油で揚げてから、砂糖、醤油を少し強めの味にしただし汁で煮ふくめます。厚揚げの薄甘く煮たもの、甘味の卵焼きなども、ほんのひと口あると、八丁味噌のお汁や香の物の味がいっそうひきたちます。

魚は、子供たちは、アジの開きを朝から食べますが、私は少し生ぐさく感じます。キスの開きを、夫と半身ずつ、さらに二つ切りにしてお酒などふって、焙る(あぶ)くらいが好きです。もっといいのは煮魚で、夕食の時よりは心持ち薄味にします。子供たちは煮魚にするくらいならムニエルかフライがいい、とここでも好みがわかれます。

めいめい、といえば、最近よく作るのは油揚げをふたつに切って、いなりずしのように中に具をつめて、オーブンで焼いたもの。大人用には、細く切った長葱に新生姜など加えたもの。または茄子を炒めて、おろし生姜を加えてつめたり、三つ葉や青ジソ、ミョウガなどがあれば、これも加えます。子供たちは、玉葱をマヨネーズで和え、チーズを入れたり、ハムや肉の残りがあれば細切りにして加えます。

意外に何をつめても味がなじむので、これを作ると残り物の整理にもなるのです。ポテトサラダをつめたり、納豆と椎茸をつめたり、フライの残りなども刻んでつめたりしますが、口を爪楊子（つまようじ）で閉じて、焼いてしまうと、香ばしくも新しい一品が出来上がります。

お皿を並べて席につくと、中身は別々なのに、同じ物を食べているように見えるでしょう。子供たちと好みが違って、同じ物を食べることが少なくなったので、こんなこともちょっと新鮮で、「古きものを新しい袋に盛りて」などといって上機嫌な朝食をはじめるのです。

炊きたての熱いご飯にスダチをしぼる

おいしいものを、少しだけお裾分けしてもらうのって大好きです。少しですから、いつもより大切に味わいます。

たくさんではうれしくないのか、といわれれば、それは物によりけりで、例えば、おいしい餅菓子がどっさり届けられたとします。私は餅菓子は、上品にちょっぴり味わう、というより、ムシャムシャとたくさん食べるのが本当は好きなのですが、残念なことに胃弱気味で、そのうえ意志薄弱な人間です。食べすぎれば、うずきだす胃袋や、口の中にひろがる胃酸過多の気配を怖れながら、まるで避けられない運命に身をまかせているように、悲しい気持ちで、次々と手を出して、予想どおりの結果に苦しめられます。家の中に餅菓子がたくさんあると、不安になってしまうのです。

あればあるほどうれしいのは、ユズとスダチです。惜しみなく使っていると、体の中も身のまわりも、次第にさわやかになっていくような気がしてきます。

うちの庭にも、小さなユズがあったのですが、改築工事で枯らしてしまいました。近所にユズの樹を持っている友人がいますので、折々、花ユズやら青ユズ、黄金色に熟したユズなど、一粒か二粒ずつ分けてもらいます。

裏の山の崖っぷちには、大きなユズの老木があって、強い風が吹くと、うちの裏庭まで実を落とします。これはまったく風まかせで、一粒も落ちてこない年も、籠いっぱい落としてくれる年もあります。

スダチは徳島の特産品ですが、毎年、鎌倉のユズよりたくさんいただきます。ユズなら二、三粒というところを、二、三十個ずつ。時には一箱単位で。

最初にスダチが届くと、

「さあ、秋刀魚を焼こう」と、七輪に火をおこします。スダチを待っていて、これがなければ、おいしい秋刀魚があっても買おうとは思わないのです。もっとも、八百屋へ行けばひとつとかふたつとか大切そうにラップに包んで売っていますが、はしりのスダチは一個百円なんて値段です。まもなく誰彼から届くのですから、ちょっと待っていることにします。

青ユズやレモンなら手許にあるのですが、焼き魚にはやはりスダチです。スダチにくらべると、レモンは硬い味がしますし、ユズは皮の香りを味わうもので、実の中に含まれる汁のほうには、スダチのようなさわやかさがありません。

今年はなぜかスダチに恵まれ、私は九月の初めから、残り数の心配をすることもなく、毎日スダチを使いました。

最初は、徳島新聞の人に誘われて「スダチパーティー」へ行ったのです。スダチを使った飲み物や料理ばかり広い会場に並んでいます。ローストビーフから竹輪まで。徳島では漬物から味噌汁にまで使うのだそうです。スダチ入りの味噌汁って、どんな味なんでしょう。私の家では、まず焼き魚、それから焼酎に入れ、鍋ものに使い、そうめんのたれに使うくらい。

パーティーのお土産に、スダチを一箱もらい、重い箱を抱えての帰り道、友人に逢って、スダチのいちばんおいしい使い方を教わりました。白い炊きたてのご飯の上にスダチのしぼり汁をしたたらせ、お醤油を二、三滴たらして、ちょちょっとかきまわして食べるのだそうです。

これは私も初耳でした。でも想像するだけでおいしそうです。教えてもらったお礼に、スダチを十粒ほどわけてあげ、家に帰ってきたら、またまたスダチが二箱届いています。

お世話になっているお医者さんからで、いただき物をするのは気がひけますが、この方は徳島出身。スダチばかりは別で、「来年もどうぞよろしく」といってしまいます。

私は、急に気持ちが大きくなって、友人たちに電話をかけて、スダチを気前よく配り、白いご飯を炊いたのです。二つ割りにしたスダチを平皿にずらりと並べます。

炊きたてのご飯の上に、ふたつみっつ、指先でぎゅっとしぼると汁も種もいっしょに落ちてきます。種なんて箸で除けばなんでもない。こういうことをいやがって、なんでも道具を使うのはつまらないことです。醤油をたらし、ひと口ふた口食べた時には、そんなにおいしいとは思わなかったのですが、食べ馴れると、なかなかいいのです。あっさり、さわやかで、これにくらべると、甘味の加わったすし飯はくどいような気がします。

　炊きたてのご飯もいいけれど、残り物の冷やご飯に、ほぐすようにしたたらせて食べるのもひと味ちがったおいしさでした。

　このあっさりしたご飯に、とろりとした鮪をのせたらおいしくないだろうか、と思い、さっそくトロを買ってきて、ひと口くらいに切り、焼きのりの細切りと、わさびを添えて食べてみました。味の組み合わせとしては上等ですが、お醤油をつけるだけではトロの味がしまらないのです。トロを少しの間、お醤油に漬けてから食べてみたら、想像していた味とぴったり合いました。

　スダチご飯を教えてくれた人は俳句の黒田杏子さん、後日いただいた手紙には、

「ふたり住む　ある日すだちを　したたらす」の一句と、わけてあげたスダチの使い方が献立つきでしるされていました。

あさ

秋田稲庭うどん冷ざる
冷し汁
薬味
すだちおろし
わさび
あさつきの球根
（二年ものすりおろし）

ひる

冷奴

すだちおろし
　わさび
干ししいたけ煮物
ひじきと油揚げの梅干煮
オクラのかつおぶしあえ

よる

白米ごはん
　スダチのしぼりかけ飯
まぐろとおろしわさびの海苔包み
みょうが汁

飯蒸し（いいむし）

白いお皿に、ちょこんとふたつ並んでいるのは、スダチのシャーベットでした。直径三センチほどの青い実をくり抜いて、白いシャーベットを山盛りにつめ、へたの部分を、斜めにかぶった帽子みたいにのせてあるのです。見ていると、ニッコリとしてしまうような可愛らしさでした。お味のほうも、軽くやわらかく、レモンの強い酸味とは違ったさわやかさです。

このシャーベットだったら、次の重い料理を食べるのに、口の中がすっきりしていい、と思ってから、ふっと、いつ、シャーベットを食事の合間に食べるものだと知ったのだろう、と考えたのでした。

たぶん、最初は『レンガ屋』でフルコースをご馳走になった時です。食べ盛りはとうに過ぎた年齢でしたから、出されたものを食べないのは失礼になるのではないか、と律義に食べ進んでいたら、胃が重苦しくなってきました。そこへ、冷やしたガラス器に盛られた洋梨のシャーベットが現われました。やっとデザートまでこぎつけた、と喜んだのに、次に鹿肉の大きなステーキが、こともあろうにマッシュした栗のひと山もあるようなつけ合わせと共に現われたのです。ご馳走をだされて、泣き出したいような気持ちになったのは、この時一回きりでした。

ビストロの時代になって、やっとフランス料理も自分の食欲に合ったコースで食べられるようになりました。シャーベットはデザートにすることもあるし、ちょっと改まった献立では、肉料理の前に入れることもありますが、ほんのひと口かふた口で、舌の感覚が新しくなって次の味が生きてきます。

懐石料理では、いちばんのご馳走「八寸」の前に、「箸洗い」と称するお吸物がでます。小ぶりなお椀など使って、塩コブだけとか、コブだしに梅干一粒とか、あるかなしかの味つけの淡泊なおつゆで、箸を洗う、口の中をさっぱりさせて、新たな感覚で次の一品を味わおうという仕組みです。

おいしくものを食べるために大切なのは、味の組み合わせではないでしょうか。おいしいといわれるものをただぎっちりと並べてみても、同じようなものばかりでは次第にあきてしまいます。では、どうすればうまい組み合わせができるか、といえば、日ごろから味を舌の上で想像できるようにしておくこと。料理のイメージが次々と湧いて、勝手に舌が味を感じ出す時には献立はたいてい成功するものです。

秋になると、なぜか糯米(もちごめ)が恋しくなります。ふっくらと蒸しあげた糯米に、魚や貝などの具を合わせた飯蒸し。一年じゅういつ食べてもいいはずなんですが、なぜか私にとっては秋のご馳走です。

関西へいくと、「お酒、召しあがる時に、お米少し入っていると悪酔いしいしまへん」などと説明されます。ご飯をしっかり食べてしまってはお酒がおいしくないでしょうが、空腹では悪酔いする。そこで、糯米を使って、ほんのひと口かふた口、贅沢な具をのせて、お料理として出すのです。糯米のむっちりした豊潤感が、他の材料にはない、変ったアクセントの一品となります。

　作り方はしごく簡単。ご飯代りに食べるものではありませんから、量もたくさんはいりません。例えば、カップに三杯の糯米をひと晩水につけてから、ざるなどにあけ、熱の通りやすいように真ん中をちょっとくぼませて、湯気の上がった無水鍋なり、蒸し器なりに入れて三〇分ほど。ふっくらと蒸し上がったら、飯台にあけて、お酒とお塩を合わせたものをかけ、手早くかきまぜます。お塩の量は、味の好みや当日使う材料で違いがでますが、お酒カップ三分の一、お塩小さじ一杯を目安にします。

　具にはエビ、カニ、アナゴに白身の魚、ギンナンや栗、あるいはウズラのひと切れなどを使います。あらかじめ下味をつけておいて、温かい白蒸しの糯米の上にのせるだけでもいいし、軽く握りずしのようにまとめてもよいでしょう。

　もっとていねいに作る人は、少し早めに酒、塩をまぜてから、また蒸し器にもどして具ものせて、もうひと息、五分ほど蒸し足します。味がなじんで、このほうがおいしいという人もありますが、ご飯に具の味がしみるのがかえって嫌だ、という人もありますから、それぞれの好みです。

具の味つけも、白身魚は強めの塩味、アナゴやウズラは甘辛く煮て、ウズラは照り焼き風、と自分ではきめていますが、それも他の料理との兼合いもあるのですから、これはこうときめてしまうわけにはいきません。大切なのは温かさを保つこと。器も温めてください。

今でも印象に残っているのは、奈良の『菊水楼』という旅館で食べたウニの飯蒸しです。ウニに火を通すなんてもったいない。磯の香りも、とろりとした甘さもなくなる、と思っていたのですが、この温かいウニはたしかに香りも形もそのままでした。

食間のシャーベットに感心した時、すぐに懐石の「箸洗い」を思い出しましたが、このウニの飯蒸しでは、またシャーベットを思い出したことでした。味の変化の鮮やかさ、ということだったのでしょうか。

飯蒸しはお酒をうまくすすめるため、シャーベットはお料理をおいしくするため。フランス料理は、料理をおいしく食べるためにワインがあるけれど、日本料理はお酒をおいしく飲むため料理ができている、という感じがします。

十一月は新そば粉

十一月は新そば粉です。

寒さが急に身にしみ、夜が長く感じられるようになると、思い出したように、新そば粉を使って、そばがきを作るのです。

子供のころ、母の郷里で食べたそばがきは、器へ入れたそば粉へ熱湯をそそいで、箸でかきまわしただけのものでした。今でも、このタイプを置いているそば屋がたまにあります。「そばがき、かきっぱなし」などと断ってあって、たれは、たいてい生醤油。懐かしくなって、注文してみることもあったのですが、このぶつきらぼうな味には、半分も食べ終らないうちにあきてしまいます。しゃれたそばがきは、上等な塗りの湯桶(ゆとう)などに納まっています。丈高い、部厚い長方形の湯桶が運ばれてきて、蓋を取ると、湯気といっしょにユズの香りがぱっと立ち昇り、木の葉形にまとめられたそばがきが、お湯の中にゆらりゆらりと浮かんでいるのです。

お箸でちぎって、濃いたれ汁にちょっとつけて食べると、そのねっとりとやわらかいこと、お餅よりあっさりと、でも、きめの細かい独特の粘りがあるのです。快い、このやわらかな感触を味わいながら思うのですが、良い料理とは材料の持ち味を生かしたもの、といわれるけれど、ちょっとした作り方の違いで、持ち味がまったく別なものになってしまう。そばも、そばがきも、水または湯とそば粉という単純な材料からできています。そばは水と粉で練って、麵状に細かく切ってから茹でます。そばがきは、湯で溶く、または水で溶いてから火を通すだけの違いなのに、そばは良いものほどシコシコと腰があるし、そばがきはお餅みたいに粘りがあります。調理の手順の少しの違いで、まったく別な持ち味が生きてくるのです。

そばがきの作り方は、そばを打つのにくらべたらしごく簡単、かきっぱなしはもちろん、ていねいに手をかけてもたいしたことではありません。まず、そば粉は一人一カップくらい。片手鍋に入れてほぼ二倍の量のだし汁を加えて練ります。最初はかなりゆるくといた感じですが、火にかけて練っているうちに、次第に粘りが重くなってきます。手にとって形が作れるくらいのかたさになってきたら、木の葉形でも円形でも、好みの形にして、熱湯の中でひと煮立ちさせてから、茹でたお湯といっしょに器へ移します。片手鍋で練るのがめんどうな人は、熱湯を加えながら、耳たぶより少し柔らかいくらいに練り、形を整えてから、熱湯に浮かせてもよいでしょう。だし汁も、あれば使ってよいし、手許になければ水なり湯なりでもかまいません。

私は湯桶を持っていないので、厚手の塗りの器を使っています。夏の間は、葛切りに使ったものなんですが、塗りの器は冷やしても温めても、陶器より保温性がいいのです。

たれは私の好みでは、濃く、そして少し甘めに作り、唐辛子のきいた紅葉おろしなどそえます。夜食にもいいけれど、お酒の時、料理の合間に小さく作ってだしたら、悪酔いしないような気がします。

お酒といえば、最近、そば粉を使って、肴代りの一品をよく作ります。

そばお焼き、とでもいいましょうか。そば粉をゆるく水溶きして、ゴマ油などひいたフライパンに流しこみ、クレープみたいに焼いて、味噌を塗るのです。味噌はだし汁とミリンでのばし、唐辛子だけ入れたものが基本で、春の間は木の芽をたたいたり、冬はユズの皮をすりこんだりします。たまには、到来物のカニ味噌とか、粒ウニとか合わせてみますが、結局はシンプルなもののほうがあきがこないようです。味噌は焼き上がったものに塗るだけでなく、ちょっと火で焙ってやると香ばしさが増すものです。扱いにくかったら、お皿に盛る前に、食べやすく切ったものを、直火にかざすだけでもいいのです。

香ばしい匂いと共に、口の中が辛くなってきたので、次はクレープを作りましょう。

クレープというと小麦粉と卵の、絹漉しの舌ざわりを思い出されるでしょうが、アメリカにはそば粉のクレープがあって、こんな時にはアップルソースを塗るようです。私も試してみましたが、イチゴジャムでも、蜂蜜でもよさそうですが、なぜかリンゴと合っています。クレープだからといって、小麦粉や卵を加えると固くなってしまいますから、水溶きのそば粉だけで焼き、バターを塗ったら、煮込んだリンゴをたっぷりのせて食べます。

そば団子も素朴で、案外品の良いお菓子です。そばがきはお餅のように粘るので、お汁粉に仕上げてもよいし、お団子にもなるというものです。そば粉はそばがきを作る時の要領で練り、中にあんを入れて丸くします。そば粉のよさを生かすには、あんも薄甘く、甘さをおさえます。ていねいに作るなら、さらに黄粉(きなこ)をまぶします。溶いて、火を加えたそば粉は冷たくなると、乾いてすぐに固くなってしまうから、こうして黄粉で包んでおけば少しは違うのです。

では、かんじんのそばは打たないのか、と聞かれれば、前には太さの不揃いを気にもせず、年に何回かはそばらしきものを作っていたのです。

昨年、そば好きの人がうちに集まって、『そばの本』（文化出版局）の高瀬礼文先生にそばを打っていただいたら、その見事だったこと。

先生はひと抱えもある朱色のうるし塗りのこね鉢を持っていらして、この中にそば粉を入れ、水を少しだけしみこませました。両手でそばをなでまわすように、軽く、細かくかきまわしていると、そば粉に水がまわっていき、米粒ほどの小さな塊ができ、それが大豆ほどに、そら豆ほどに、と次第に大きくなって、ついにはひと塊にまとまります。この間四〇分あまり。水とそば粉とを安直にこねまわすだけでは、そばもどきしかできません。

薬味を用意しようとしたら、「何もなくてよろしい」。部厚くそぎ取ったさばの削り節でとった濃いたれは、なるほどこれだけで十分の味でした。味にも、歯ごたえにも、馴々しく、やわなものがひとつもないのです。「そばが酒に合うっていうことが、はじめてわかった」といった人がありましたが、つまり、そういう味でした。

若い時なら、先生に弟子入りして、そば畑の手伝いからはじめて、本物のそばをめざしたことでしょうが、私はインチキそば作りをやめるだけにしました。巨漢の先生が全身汗まみれになって、四〇分もそば粉をこね、それを一枚の広い布のようにのばし、次には折りたたんでから、文庫本を縦に三冊もつないだほどの大きな包丁を使って、細い麺に切りわけるのです。ああー、今の私には、とてもあれだけの仕事をまとめる力は残っていません。老いたる私には!!

百合根は楽しい

百合根を煮るのは、冬の台所、いちばんの楽しみです。

薄甘く煮上がった味も大好きですが、煮くずれに気をつけて、そっとそっと扱っていると気持ちまでやさしくなってしまうのです。

ストーブを出すころになると、買い物にでるたびに、百合根に気をつけます。懐石料理の本では、十月にもうでてきますが、たぶんあれは特別注文で、お値段も特別でしょう。十一月に入ると、ぼつぼつ扱う店がありますが、まだはしりの値段で、この冬にはデパートで一個八百円という百合根をみました。でも十一月の後半になれば一個二百円くらいになり、やがて近所の小さな八百屋さんにまででてきます。暮れになっても、たいして値が張らないのは、百合根を使う人が多くないからでしょうか。

百合根は、なにか扱いがめんどうなもののように思われているようです。私も、山菜料理の本で、「苦味があるからアク汁で茹でてから煮る」と読んでいました。また、私が和食の料理辞典の代りに大切に扱っている『総菜五百種』（赤堀菊子他著）という明治の末にだされた本にも、「材料におおうほどの水と共に鍋にいれ、中火にかけ軟らかにゆだりたればそのゆで湯を去り、直ちに百合根の上面を鍋底の方に向け、一列になし水一杯、砂糖一杯と少しの塩を加え、百合根におおうほどにいれ、落ち蓋をなし初め烈火にて後ちはとろ火にかけ、材料に小ひびのいりたるを度となし、そのまま鍋を下ろし、十分間ほど経て箸にてくずさぬように皿にとり、焼肴か口取物の添物に供す」と、ありました。

そこで最初は、私もていねいに一度茹でこぼしてから、煮なおしていたのですが、ある時、めんどうになって他の煮物の中に、百合根の数片をぽんと入れてみたら特別苦くもなく煮上がりました。おや、おかしい、と次にはただ茹でてみたのですが、気になるような苦味はありません。もしかしたら、いま売られているのは品種改良されたものかもしれない。それにしては婦人雑誌にも、料理の本にも、茹でてから使えと、相変らず指示されているのはなぜなんでしょう。

自分がどこか間違っているのかな、としばらくは気になっていたのですが、そのうち、おいしく食べているのだから自分流でかまわないときめてしまいました。

いまでは、その日の気分で、お酒を煮きったところへ、だし汁と砂糖を合わせたり、また、ミリンを煮きったところへだし汁と合わせるだけだったり、百合根も大きな塊のままのこともあるし、鱗片をはいで、芯の部分だけをほんの少し残すこともあったりで、気ままに鍋に入れて、後はゆっくり火を通すだけです。

食べやすく、と考えれば鱗片を全部ばらして、煮たほうがよいのですが、百合根の煮上がったところは菊の花のようにみえます。菊の葉など、二、三枚そえて盛りつけると美しいので、芯の部分は塊のまま残しておきたいのです。人によっては、包丁で上をきれいにそいで、バラの花に見立てるそうですが、包丁を入れるとくずれやすくなります。

　下向きに入れて煮る、というのも、ある時、多めの煮汁で、上向きにして並べて百合根を煮てみたら、特別の不都合はありませんでした。それより気をつけなければならないのは煮くずれです。煮すぎたり、乱暴に扱ったりするとすぐ煮くずれてしまいます。百合根はおどらないように、最初から最後まで弱火でゆっくりと火を通すのが大切です。

　赤堀さんの本には、煮くずれた場合は、

「布巾にとり、ひとつまみずつ指頭(さき)にて包み、そのまま軽く捻(ひね)りて」茶巾しぼりを作りなさい、とありました。そこで、私は子供のころのおせちや、宴会土産の折詰の中にあった柔らかな羊羹(ようかん)を思い出したのです。水羊羹の一種なのでしょうが、もう少し練ってあって、でも本練より、あっさりと、柔らかくできています。百合根をたくさん煮た時、裏漉しにかけ、よく練ってから寒天を入れて固めてみたら、昔なつかしいあの羊羹ができました。

　次には、裏漉しした中に、上新粉を練りこみ、百合根まんじゅうを作ってみました。布巾の中で形をととのえ、湯気のたった蒸し器に入れて、二、三〇分。あつあつのおまんじゅうは、百合根の風味が生きていておいしいものでした。

百合根の梅肉和えも、懐石料理などではお目にかかります。白く煮上げた百合根に赤い梅の色が映えて、見た目にも美しく、お味も梅の酸味で、百合根の甘さがかえってくっきりしてけっこうです。梅干を裏漉しにしたり、ミリンで練ったりするのがめんどうだ、という人は梅干のペーストを探してください。なかでも、小倉の料亭『万玉(まんぎょく)』でつき出しに出していたのを壺につめて売り出した「鶯宿梅(おうしゅくばい)」はなかなかのものです。

手をかけるのも面白いけれど、簡単で、百合根の味をまっすぐ味わえるのは、天ぷらと、ただ焼いただけのものです。天ぷらはほぐした鱗片を水溶きの小麦粉につけて揚げるだけ。塩少々か、何もつけないで食べるのがおいしいでしょう。焼く時は、私は鱗片をストーブの上にのせておくだけです。透明になって、焦げ目が少しついたくらいで食べると、ほっくりして香ばしく、焼栗みたいです。

ある時、ストーブの上にのせたまま忘れていて焼きすぎたことがありました。

post card

料金受取人払郵便

浅草局承認

8037

差出有効期間
2024年
6月30日まで

111-8790

051

東京都台東区蔵前2-14-14 2F 中央出版
アノニマ・スタジオ
料理発見 係

☒ 本書に対するご感想、甘糟幸子さんへのメッセージなどをお書きください。

このはがきのコメントをホームページ、広告などに使用しても 可 ・ 不可 （お名前は掲載しません）

料理発見

230307

この度は、弊社の書籍をご購入いただき、誠にありがとうございます。今後の参考にさせていただきますので、下記の質問にお答えくださいますようお願いいたします。

Q/1. 本書の発売をどのようにお知りになりましたか？
□書店の店頭　□WEB, SNS（サイト名など　　）
□友人・知人の紹介　□その他（　　）

Q/2. 本書をお買い上げいただいたのはいつですか？　年　月　日頃

Q/3. 本書をお買い求めになった店名とコーナーを教えてください。
店名　コーナー

Q/4. この本をお買い求めになった理由を教えてください。
□著者にひかれて　□タイトル・テーマにひかれて　□デザイン・イラストにひかれて
□その他（　　）

Q/5. 価格はいかがですか？　□高い　□安い　□適当

Q/6. 暮らしのなかで気になっている事柄やテーマを教えてください。

Q/7. ジャンル問わず好きな作家を教えてください。

Q/8. 普段よく読む雑誌やチェックしているWEBサイトなどを教えてください。

Q/9. 今後、どのようなテーマの本を読みたいですか？

Q/10. アノニマ・スタジオをご存知でしたか？　□はい　□いいえ

お名前　ご年齢

ご住所　〒　ー　ご職業

e-mail

今後アノニマ・スタジオからの新刊、イベントなどのご案内をお送りしてもよろしいでしょうか？　□可　□不可

ありがとうございました

食べても固すぎておいしくないので、寄せ鍋に入れてみたらおいしくなって驚いてしまいました。ほっくりした舌ざわりで、ちょっと甘味があります。生のまま入れたものより、焼いたほうが煮くずれないところはお餅のようです。

たいしたことがなくても、誰もやっていない食べ方を考えついた時って、なにか誇らしいような愉快な気分になってしまうのです。

四章
お菓子の時間

遊びの領分

お菓子を作る楽しさには、料理とは別な軽やかさがある。

軽やかで、純粋で、うきうきした気分は、遊び事の楽しさだ。

お菓子は恋愛、料理は結婚、とはいえないだろうか。

ケーキを作りはじめのころ、熱中にはずみがついて、もうひとつ、もうひとつ、また、もうひとつ、と作りたくなったことがあった。

まるで遊びに熱中した子供が、夕暮れになっても家へ帰りたくない時みたいに、楽しい時間を手放したくないのだ。

熱中は続き、そして、ある時、楽しいはずの時間が重苦しくなっている。

濃くなった夕闇に気づいた子供が、家へ駆けて帰るように、熱中は急にさめてしまう。

真夜中の「白いアジサイ」

十数年も昔のことですが、友人の間で、申しあわせたようにケーキ熱がおきたことがありました。ケーキの先生って、こんなに多かったのか、と驚くほど、いろんなところでケーキを習いはじめたのです。

おいしいケーキを作る条件のひとつは、正確な分量にあるそうで、「化学の実験みたいに」といった人があります。質のいい作り方（レシピ）を持っていて、正確に、根をつめて作れば、習ったばかりの人にも見事なケーキのできることもあるのです。

たった一種類のケーキを、一日がかりで少量焼くのでは、プロの仕事にはなりませんが、その一品だけなら、時にはプロに劣らぬものもできます。まして、チェーン店などに大量に出回っているケーキとはなにやら気品が違うのです。ケーキ作りは、ますます楽しく、いつかはケーキの店を持ちたい、と夢が語られ、現実的な才覚のある人は、伝手を求めて、喫茶店に商品としてのケーキを卸すようになります。

ただ楽しいから習っているように見えたケーキ作りが、別な価値を持ちはじめるのです。そんな中で、Aさんはちょっと変った人でした。一生懸命に作ったケーキを、お金と引き換えに見知らぬ人に渡したくはない、ケーキを売るくらいなら皿洗いをしてお金を稼ぐ、というのです。

Aさんはひとりだけで、電車にのって、いく駅か離れた海辺に住む老婦人のところへ通っていました。そこで習ったことを書き込んだ古い大学ノートを大切にしていて、火事になったら、真っ先にこのノートを持ち出すというのです。

私には無名のその老婦人のレシピに特別神秘的な力があるとは信じられません。ある時お節介をして、新しい豪華なケーキの本が出はじめたこと、彼女の習ったケーキもその中に入っている、といったのですが、彼女の答えはこうです。

「駄目よ。ああいう本は失敗しないように安全な分量の作り方しか書いてないんだから、微妙な割合を成功させるには、息づかいまで教わるつもりでやらなくちゃ」

　この言葉が正しいかどうか、私には判断がつきませんが、Aさんの作るケーキが、他の人とひと味違っていたのは事実です。

　なかでも見事だったのは、「雪毬（ゆきまり）」と呼ばれるケーキでした。軽く焼いたスポンジ台に、白いバタークリームが鹿子（かのこ）状にしぼり出されているのです。しぼり口はケーキの大きさによって変るのですが、私が最初に見たのは、掌にのるほどの小さなものでしたから、糸のように細いしぼり出しでした。白いバタークリームは、まるで刺繍（ししゅう）みたいに、正確な美しい模様となっているのです。

　感嘆のあまり、「これを、本当に手でひとつずつしぼり出したの」と尋ねたほどです。

　Aさんは、このケーキは家じゅうが寝静まった真夜中でなければ仕上げないのです。

バタークリームは、出来上がってしまえば、しっかりしていて、日持ちも悪くはないのですが、作る時はまことに不安定、神経質なものです。ひとつ呼吸を間違えば、分離してしまった材料を全部捨てることになってしまうのですから、素人には作り馴れるということがありません。

材料は①無塩バター二五〇グラムを基本にすれば、②卵白大二個に砂糖小さじ一。それに、③四五ccの水と一〇〇グラムの砂糖。

まず、バターをクリーム状にしておき、鍋で水と砂糖を煮つめはじめます。この間に卵白をかたく泡立てます。鍋の砂糖が煮立ってぶくぶくと泡がでてきたら、針金で作った直径二センチくらいの輪、金魚すくいのおたまの紙の貼ってないような道具を鍋へ入れて、砂糖で膜が張っているかどうか試します。膜が張っていて、ふうっ、と息を吹きかけると、シャボン玉のように膜が破れて飛んでいく、という時が糖度一二〇度、ここで火を止めて、泡立てしておいた卵白の中へ少しずつまぜ、全部入ったら、さらにしっかり泡立てます。こうしてできたメレンゲを冷ましてからクリーム状のバターの中に手早くまぜるのですが、ここでもたもたしていると分離がおこるのです。

　首尾よくできたら、しぼり出しに詰めて、昼間焼いておいたスポンジ台に、しぼり出していくのです。スポンジ台は横四つに切ってありますから、まず下の段を指ではさむように持ち、持ちあげたまま、息をつめて、少しずつしぼり出しては手をまわしていくのです。下の段のまわりが仕上がったら、大理石の板にのせ、切り口にもバタークリームをナイフで塗って、その上に次のスポンジ台をのせます。そこからはひざまずいて、テーブルの上のスポンジ台へしぼり出します。テーブルを高くするより、お祈りの時みたいにひざまずいて作るほうが気持ちが落ち着くとか。

　手芸品みたいにきれいなケーキを作る人には、形にばかり気をとられて、味に無神経な人が少なくないものですが、このケーキは形にふさわしい品のいい味をしていました。甘さをおさえながら風味とおいしさを持っています。

　私がしきりに感心したせいでしょう。六月の私の誕生日には見事なケーキが届けられました。ちょうど色づいてきたアジサイの大輪の花くらいの大きさで、しぼり出した鹿子模様は花びらのようでしたから、白いアジサイみたい、と思ったものです。

それから何年か、Aさんたちが隣の街へ引っ越してしまうまで、アジサイの季節になると、このケーキが届きました。

今年、久しぶりに、また白いケーキをいただきました。予言どおり、とでもいうように、Aさんは皿洗いのパートをしていて、ケーキを作る暇もなくなったといいながら、

「白いアジサイの花を見たものだから、あなたがこのケーキを、そう呼んでくださったのを思い出して」

そういえば、最初にこのケーキを見たころは、白いアジサイなど、実際にあるものだとは思いもしなかったのに、この二、三年、私の町では白いアジサイはちょっとした流行みたいです。

パンの帽子をかぶった魔法の壺焼き

娘が四、五歳のころのことですが、「お母さんは魔法が使える」と信じていたのです。例えば、このお母さん魔法使いは、いくつかあるミカンの中からひとつを取り、左手にのせて、右手で念力をこめて、「エイッ」と空中で切ると、おや、不思議、ミカンは真二つに切れてしまう。（包丁で横二つに切ったミカンを、あらかじめ用意しておいて、さり気なくそれを取りあげるだけなのです）

また、お母さんのポケットに入れたはずのキャラメルやマーブルチョコレートが、「エイッ」のひと声で、娘のポケットに移ってしまう。（これも前もって娘の

ポケットに移すべき材料を入れておくのです）

単純な手口の「魔法」を、娘があまり素直に信じ、しんから感心してしまうので、私も面白くなって、新しい魔法を作りだすのに熱中してしまったのです。

今考えても後ろめたいのは、人間を犬にしてしまう魔法でした。めったに使ってはいけないことにしてありましたが、神さまもお怒りになるような悪い子には使うのです。

「犬になれ！」と小さな声で、恐ろしそうにつぶやき、以後は子供が何といおうと子犬扱いです。第三者の協力があれば、この犯罪的ないたずらは完全でした。

「まあ、可愛いワンちゃんね」

「うん、ちょっと預かってるの」

「お宅のお嬢ちゃんは」

「外へいってます」

なんていっているうち、娘の顔が不安でゆがみだし、そこで別室へつれていって、「神さまのお許しで人間に帰れ！」というわけです。

たいていの魔法は、疲れがひどくたびたびは使えないことになっていました。魔法を使った後の私は、「あッ、疲れた」と芝居がかった様子でベッドにばったり倒れたのですから、暇だったとはいえ、子供を相手に私は何をやっていたのでしょう。

疲れない魔法というのもあって、私の右手からはふとり粉、左手からはやせり粉という目には見えない粉がふりだされることになっていました。食事のたびに、やせっぽちだった娘の食事にはふとり粉をかけ、肥りすぎの赤ん坊だった息子の離乳食にはやせり粉をかけるのです。

娘はこの儀式が気に入っていたので、私が魔法使いごっこにあきてしまってからも、食事のたびに、「ふとり粉、ふとり粉!!」と呼んで、右手をふってやらなければ食事を始めなかったものです。

少しばかりの草木の知識を利用して、野外を歩く時には、食べられる草や、毒殺できる木の実を教えて、魔法使いの権威を高めました。天文学の知識があれば、いっそう魔力は神秘的になるだろう、と思ったのは、子供のころに読んだ南洋一郎の冒険小説に、「土人」にとらえられた日本人が、月蝕の夜、月を消す予言をして窮地を逃れる話があったからです。私はその気になって星座や天文学のことを教える先生も探したのでした。なにごとにも、ついつい本格的に、さらに構想を大きく、と間口を広げてしまうのが、私の悪いくせなのです。

料理の分野でも、魔法使いらしさが大切でした。当時はまだ、家庭でパンを作る家は少なくて、パンの作り方を書いた本は、婦人之友社からでている薄いパンフレットのような本があるだけでした。私は横浜にいる時、『ユニオン』でイースト菌を求めてパン作りをはじめていたので、パン種を使って、魔法ムードの料理をいくつも作ったものです。

なかでも楽しかったのは、パンの帽子をかぶったロシア風の壺焼きでした。作り方は簡単で、マッシュルームなどのキノコ、玉葱、ベーコン、鶏の砂肝などをラードで炒め、塩コショウして、小麦粉をふりこんでさらに炒め、牛乳を加えて、とろみがでるまで煮たら、生クリームを加えて壺に入れ、パン種を平たくして蓋のようにかぶせ、そのまま強火のオーブンで焼くのです。壺の中身はその日のありあわせの材料で、クリーム・シチューやカレーなどはそのまま使いましたが、どんな材料でも生クリームを少し加えると、味がまろやかに、それらしくなります。

焼き上がって、オーブンから取り出す時が楽しみでした。あのパンの焼けるおいしそうな匂いが、おでましのファンファーレで、壺の上にふっくらと焼き上がったパンは、愛嬌（あいきょう）のある様子で円い屋根のようにも、帽子のようにも、キノコの傘のようにも見えるのです。

娘は、「キノコのお化ちゃん」とか、「パンの帽子」とか呼んだものです。スプーンで、パンの屋根に穴をあけてあつあつのスープをすくい、ちぎったパンを食べるのですが、こわすのが残念なような、楽しいような。

何年かたって、娘と銀座を歩いていて、七丁目のレストランで、懐かしいパンの壺焼きに出会いました。ウインドウで発見して、二人はすぐに店に入りました。私も仕事が忙しくなって、パンをこねることも少なくなっていました。

わくわくしながらパンの帽子の真ん中を破ったのですが、ひと口食べてがっかりでした。パン種を発酵させすぎ、酸っぱくなっているのです。パン作りはこねたり、たたいたりは、ただの力仕事で失敗は少ないのですが、発酵のタイミングをうまくとるのが難しいのです。注文を待って作るレストランの料理には不向きなのかもしれません。

最近気がついたのですが、パイ皮をかぶせた壺焼きはあちこちでよく見かけます。パイ皮なら失敗は少ないでしょうが、真っ白にふんわりと焼き上がったパンと、スープの出会いが、あの料理の楽しさだったような気がしてなりません。これはやはり家庭で作るものでしょうか。

残り物の白身を使ってフリアンを

私が風邪をこじらせたのがきっかけで、娘が、朝ご飯をひとりですませて学校へでかけるようになったのは、高校へ入った冬のことでした。

三、四〇分遅れて起きていくと、娘のつけた暖房のおかげで、台所はすっかり暖まっていて、風邪ひきの身には、それだけのことがずいぶんうれしかったものです。

流し台の隅に重ねてある茶碗は、たいてい卵の黄身で汚れていました。炊飯器のスイッチを入れ、身支度している間にご飯が炊き上がる。炊きたての湯気の上がるご飯に生卵をかけて、大急ぎで食べていったのでしょう。テーブルの上の小さな片口に、卵白だけが残っているのは、この子が黄身に、少しお醤油をたらして使うのが好きだったからです。

私は、残りの卵白に食塩を加えて、油で炒めておきます。チャーハンでも作る時に利用しよう、と思いながら、何かちょっと気になって仕方がありません。私たちは、食卓に出されたものは、好き嫌いせず黙って食べなさい、と育てられた世代です。だから、今ではかえって、おいしいものをおいしく食べる工夫は、尊重したいのです。娘が「黄身だけのほうが、別の味みたいにおいしい」と発見したのなら、そのことは認めたい、と思うのですが、おいしい部分を食べたその残りのことは、どう思っているのでしょう。

「まさか残りは捨てればいい、なんて考えてはいないでしょ」とある時聞いてみると、こういうのです。

「でも、極端ないい方をすれば、一杯のご飯に一個使うところを、黄身だけにするんだから、残りは捨ててもともとじゃない」

経済性から見ればそのとおりです。黄身だけにしたからといって、一銭も多くお金を使うわけではありません。食べ物があふれ、健康のためには、食べることより、食べないことに気を使うような時代ですから、カロリーを減らした分だけ喜ぶべきかもしれません。

でも、何か間違っている。お金が余分にかかるわけではない、と卵の白身を捨ててしまうのは、出来の悪い人間なら去勢し、役に立たない人間なら消してしまってもいい、というような、恐れを知らぬ切り捨てと同じではないかと思えてしまうのです。

そこで、私は卵白を見事に利用して見せてあげよう、と思いました。

久しぶりに料理の本を開いて知ったのですが、卵黄は冷凍すれば組織が変ってもとに戻らないけれど、卵白は冷凍後も前と同じように使えます。ケーキをよく作る友人によれば、少し腰が弱くなるそうですが、ともかく使えるのです。そこで、私も、卵白が残るたびにひとつ、ふたつと重ねて冷凍していきました。使う時になって、何個入れたのかわからなくなったことがありましたが、卵白一個は三〇グラム強ですから、重さを計れば解決でした。

友人が卵白を材料に使うものに、しるしをつけて貸してくれたケーキの本を見ていたら、大好きなフリアンの写真があって、フィナンシェと名前がついていました。フリアンは、六本木の『パンドラ』で売り出して人気のでたお菓子で、薄くて、四角いマドレーヌみたいに見えます。

フィナンシェの材料をみると、卵白四つに、粉末アーモンド、粉砂糖、砂糖、薄力粉の四種類を各五〇グラム、バター一二五グラム。

これが六センチ角タルトレット型十五個分の材料です。材料を眺めていると、卵白ですから軽く、バターがたっぷりでしっとりとしていて、アーモンドの風味のきいたフリアンの味が舌に感じられてきます。

作り方は簡単で、アーモンド、粉砂糖、砂糖、粉を合わせてふるったところへ、泡立てた卵白と湯煎にしたバターを加えて軽くまぜ合わせ、冷蔵庫で三〇分ほどねかせてから、しぼり出し袋に入れて、タルトレット型にしぼり込み、一八〇度のオーブンで焼くのです。

四角い型は持っていませんから、あちこち探して、東急ハンズで買いました。この四角いタイプは、『パンドラ』が九年前に開店する時、シェフの猪俣修三さんが、「フランスから五十個輸入したのが日本でははじめて」だったそうです。最近ではなかなかの人気で、扱っている店でも、品切れのことが多いとか。

ともかく一度作ってみよう、と気楽に試してみたら、かなり上等のフリアンが出来上がりました。フリアンとフィナンシェは同じもののようですが、フィナンシェと名づけられたものには長方形が多いようです。フィナンシェとはお金持ちの意味で、そこから長方形のこのお菓子が、金の延べ棒に見立てられているそうです。

ちょっと物足りないのは、型の内側に入るところだけ焼き色がついて、表面が焼き足りないパンケーキみたいに生っぽいことでした。二度目から、温度をもっと強め、鉄板を上段に上げたら、これもどうやら解決でした。『パンドラ』では「温度二五〇度、バターは上澄みだけ使って、合わせた種はひと晩ねかせる」のだそうです。真ん中がぷーとふくらんでいるのは、その高温のためでしょうか。

ケーキを焼くことについては、尊敬している友人は、「微妙な味わいは、まず正確な分量から」と教えてくれるのですが、なにごとも大ざっぱに、自分流にやってしまう私のことです。フリアンも、糖分をもっとおさえて、もっと、も少し、とやっているうちに、お砂糖は半量に落としてしまいました。糖分過剰の心配もなく、焼きたてのフリアンが食べられるのですから、うれしくなって、私はよくこのケーキを作るようになりました。卵白のストックはすぐになくなり、新しい卵を割って、今度は卵黄だけ冷蔵庫にしまいます。冷凍できない卵黄が冷蔵庫にたまっていくのを、いつの間にか、わずらわしいことのように眺めている自分に気づき、すると、娘の残した片口の中の卵白を見て、「ゼイタクな子供!」と心のどこかで、とがめだてしていたことが思い出されます。

私たちの憤慨の対象って、案外、自分の習慣や常識とちょっと違うだけ、っていうことが多いのかもしれません。

縁日の思い出、ゲンゴロードーナツ

「和菓子と洋菓子、どっちが好き」っていう質問、案外多いものです。

お菓子好きの私としては、「両方とも」と答えたいのですが、それでは質問した人が満足してくれません。で、私はこう答えることにしました。

「遠くまで、わざわざ買いにいくのは洋菓子。でも、ショートニングとお砂糖を固めたような安物ケーキは、よほどの時でも食べないけれど、和菓子なら、駄菓子でもなんでも喜んで食べる」

和菓子の中でも好きなのはおまんじゅうで、杉の箱に納まっている『とらや』

の酒まんじゅうから、表面の硬くなりかけた大福を焼きなおしたのまで、いつでもニコニコと手を伸ばしてしまうのです。

しかし、最近寂しいのは、ふっくらした厚い皮、ほどよく少量のあんの入っている何気ないおまんじゅうがなくなってしまったことです。あんこが多くて、きんつばみたいに薄い皮のばかりです。

この春、いただき物のおまんじゅうがたくさんあった時のことですが、食べる前にあんを半量とってしまいました。そのほうが、皮とのあんばいがよくておいしいのです。

あんは、ひとつずつラップして冷凍庫にしまっておき、天ぷらの後で小型のアンドーナツを作りました。揚げたての熱いアンドーナツは、店で売っているものよりずっとおいしいものでした。

天ぷらを揚げた後、衣に溶いた粉が残っていることがあります。ここにお砂糖と卵を入れて揚げてみたら、軽くてなかなかおいしかったのです。そこで、油鍋はでているのですから、溶いた粉の残りがない時でも、新たに小麦粉を牛乳と卵で溶き、砂糖とベーキングパウダーなど入れてまぜ、丸い揚げ菓子を作ってしまいます。砂糖を少なめにして、揚げたものに、外からふりかけます。私の家では、この揚げ菓子のことを「ゲンゴロー」、時には「サーターアンダギー」と呼んでいます。

なぜ、ゲンゴローなんて虫みたいな名前で呼ぶか、といえば、戦前の縁日では「ゲンゴロー」というのぼりを立てた屋台で、このお菓子を売っていたのです。

小さな屋台なのに、左側には油鍋がはめこんであって、右側にホウロウの丸い水槽があります。水槽のへりには、小さな仕切りがついていて、「三つ」とか「五つ」とか字が書かれています。この屋台は、実はゲーム場というか、とばく台というか、カケの賞品として、丸いドーナツ菓子を当てるところなのです。

おじさんは、台の上に小麦粉を練ったものをのばし、丸いワッパのようなもので、端から切りとっていきます。ぺちゃんこの円形の塊は、指の間でひょいとつままれて、ふくらみをつくり、油鍋へ落とされます。その手つきの素早いこと。次々と鍋へ落ち、揚がってきたところを金網ですくって、お砂糖をパラパラとかけるのです。揚げたての、油とお砂糖の溶けあった熱いお菓子のおいしさ、日ごろの家庭では味わえない魅力でした。

子供たちが、「ちょうだい」と銅貨をだします。するとおじさんは、渥美清の寅さんよりずっと低い、潰れた声で歌うようにいうのです。

「ゲンゴロさん、ゲンゴロさん。

お家はどこかいな。

お土産は何かいな」

水の上を泳ぐゲンゴロー虫は、水槽の中央に放され、ヘリの仕切りのところへ泳ぎつきます。仕切りについている番号がお土産の数で、「へい、五つ」などといいながら、三角形の紙袋に入れたゲンゴロードーナツを渡してくれるのです。

お菓子もおいしかったし、時には十個ももらって「もう一度」などという大当りのスリルもありましたから「ゲンゴロー」は縁日でいちばんの人気でした。

サーターアンダギーというのは、沖縄のお菓子です。ゲンゴロードーナツよりひとまわり大きくて、ひび割れがあります。黒糖を使ったのも、白砂糖を使ったのも、表面がゲンゴローよりやや黒いのは、粉をややかために溶き、直径も大きく、火を十分通さねばならないからでしょう。

サーターアンダギーをはじめて食べたのは、転勤で沖縄へいっている姉一家を訪ねていった時のことでした。町の食堂へいくと、ガラス瓶に入った真っ黒いボールのような揚げ菓子があります。姉が名前を教えてくれてから、「沖縄の土地の言葉って、外国語みたいに聞えるけど、耳をすませてから、よく考えてごらん。日本の言葉と同じことがわかるから。例えば、ジーマーミーは地豆(じまめ)よ。地面の下でできる豆だから落花生のこと」

サーターは砂糖、アンダギーは揚げ菓子でしょうか。沖縄では、小さな島々にもこの菓子があって、あちこちの島をこれをかじりながら歩いたものです。私は黒糖のものが特に好きでしたが、姉が土地の人に教えられたコツによると、黒糖のアクをとるには、鍋に黒糖と卵白を入れ、水でのばしてから火にかけ、上にアクが浮いてきたら、ぬれ布巾で漉すのだそうです。

飯倉の『キャンティ』にもゲンゴローがありました。うちのゲンゴローよりもう少し大きく、沖縄のアンダギーより少し小形。色は明るく軽やかで、やはり砂糖がふりかけてありました。「おやおや、イタリアのゲンゴロー」と思ったのですが、考えてみれば、こんな素朴な菓子は、世界各国どこへいってもあるのでしょう。簡単だから誰でも作れるし、単純だからアキがこない。案外、世界共通家庭菓子なのかもしれません。

ちょっと気になるのですが、最近はドーナツとかホットケーキとか、単純なお菓子まで、火を入れるだけ、材料の分量まで計ってセットした箱詰が多く使われているようです。できたものを買って来る、というのはわかりますが、わざわざ揚げたり焼いたりするのに、なぜそんなところで手数を省くのでしょう。

両方の焼き上がりをくらべてみれば、違いは歴然です。小麦粉、卵、砂糖、ベーキングパウダー、これだけ合わせるのに使う頭や手間もめんどうなんでしょうか。

中津川からの秋のたより、栗きんとん

　中央線の岐阜県と長野県の境に、中津川という駅があります。改札をでると、正面に恵那山（えなさん）がおおいかぶさるようにそびえ立っていて、町はその山裾に小さくかたまっているのです。まるで、お盆の端をつまんで、ひょいとかしがせでもしたように、町全体が急な斜面でできています。どこへいくのも坂道、その代り、どんな小さな路地へ入ってもちろちろと水音がして、道に沿ってきれいな流れがあります。

　私は戦争末期に疎開して、少女時代の数年間をここで過ごしました。

町を囲む山々には、栗林が多く、大粒で味のいい栗がとれるので、秋になると、町じゅうのお菓子屋さんが、競って栗菓子を作ります。町を歩くと、あちこちの和菓子屋の店頭には、赤や金色の紙に美しい毛筆で、「栗きんとん」だの、「栗鹿子」「栗まんじゅう」だのと書かれた貼り紙がぶらさがり、町の表情が急にはなやいで見えたものです。

中津川市の栗菓子の代表は、栗きんとんです。和菓子の好きな人なら、「すやの栗きんとん」としてご存じでしょう。『すや』の他にも川上屋とか松月、梅園などの老舗から新旧さまざまな店が、たいていこのお菓子を作ります。きんとん、といってもおせち料理に入っているあの甘いべとべとしたものではありません。蒸した栗から実だけとりだして潰し、甘味を加えて練ってから、茶巾に小さくしぼっただけのもの。栗の実をそのまま固めたような素朴な味がします。

こんな簡単なお菓子だから、栗の産地ならどこでも思いつきそうなものですが、不思議にこの地方にしかないのです。京都の料亭で、献立に、栗きんとんとでていました。懐かしくなって聞いてみると、中津川から取り寄せたもの。丹波のささ栗やらなにやら控えているのに、秋のお菓子の代表に選ばれるとは光栄なこと、とうれしくなったものです。

茶巾といえば、中学の家庭科の実習で、いちばん最初に作ったのは、さつま芋の茶巾しぼりでした。戦後まもなくで、材料も道具もないころですから、ケーキ風のしゃれたものは作れなかったのでしょう。さつま芋を煮て、お砂糖を入れて潰し、新しい布巾に包んで口をひねり、お尻を押しただけだったのですが、いつもの蒸しただけで食べているお芋が、布巾の中からそれらしい形のお菓子になってでてきた時は、フーム、と感心したのでした。

ある時、到来物の栗がたくさんあったので、家庭科の手順を思い出して栗きんとんに挑戦してみました。「ただ栗を固めただけ」みたいな味を出すのが、いかに難しいか。蒸した栗を潰し、砂糖を加えただけでは水っぽくなってしまいます。その砂糖の加え方も微妙で、少なければなにかひと味足りないし、多く入れすぎては下品なしつこい味になって栗の味が生きないのです。

栗のぽっくりした味をだすのに、中津川の職人は、まず栗をふたつに分けて、ひとつはよくすり潰して粘りをだし、もう半分は粗く潰して歯ざわりを残し、そのふたつを合わせて、砂糖を加えて練りに練るのです。この時、釜底に焦げついてしまったのをはがしたのは、特製の栗せんべいになります。昔よくあった栗形の、あの栗せんべいほど固くはありませんが、もっと香ばしいのです。放っておくと干からびて、ぽそぽそしてしまうので、ストーブの上やオーブンで焼きなおします。不思議なことに、熱が通ると、またやわらかさがもどります。栗きんとんより、こちらのほうが好きだという人や、玉露で栗きんとん、番茶でこの栗おこげ、と食べわける人などあって、おこげもなかなかの人気なのですが、商品として売っているわけではありません。私は中学時代のクラスメイトが、『すや』にいますので、毎年、栗きんとんといっしょに送ってもらいます。売っていない、というところがなぜかうれしく、秋の来客には「珍しいでしょ」とか「ちょっといい味よ」とかいいながら、少しずつ出しています。

私は子供のころから親しみすぎていて、かえって気がつかなかったのですが、ひところ、この栗きんとんはひそかなブームだったようです。中津川のお菓子屋さんへは、全国から注文の郵便為替が殺到して注文してから一か月も待たされました。それも順番待ちなので、確実に手に入るのがいつかわからないのです。私は、電話をかけさえすれば、好きな日に送ってもらえましたから、これはたいした特権で、秋になると中津川が急に親しい親戚のように見えたものでした。

今では、どの店も生産体制を整えなおしたようで、注文すると、前よりは早く送ってくるそうです。期間も、昔は栗の季節のふた月くらいの季節菓子だったのに、最近では、九月のはじめから出はじめ、年を越してもまだ手に入ります。

中津川の友人にあうと、東京のデパートにでるものはやっぱり味が落ちるとか、おいしくなるのは十月からで、九月のはじめは中津川の栗を使っていないし、冬の物は冷凍物だから駄目だとか、いや、全体に味が落ちたとか嘆きます。

大勢の人が、良い物の味を知るのはうれしいことですが、量をふやすことで、質が鈍るのは残念なことです。ただ、量や期間や便利さの問題なら、私はためらわずに、「少なくてもいいから質」といいますが、ここに作っている人たちの生活がからんでくると問題は難しくなります。お菓子には限らないのでしょうが。

イチジク泥棒が作った砂糖漬

イチジクの砂糖漬を作ろうと、皮むきをしていると、テーブルの向う側に坐っていた息子がいいました。

「おれ、憶えているよ。お母さんって、大胆不敵に、他所(よそ)のイチジク盗んで道端でいっしょに食べたんだよね」

盗む、とはおだやかではありませんが、たしかに塀の上に枝をのばしているイチジクの実をもいだのです。十年も前のことで、息子はまだ幼稚園児でした。隣町の歯医者へ通う道の坂の途中に、そのイチジクはありました。

週末だけ使っているのか、それとも空家だったのか、雨戸をしめたままの家で、塀際にある大きなイチジクの木には、熟したまま朽ちていく実が見え、手を伸ばせばもげるところに、程良く熟したイチジクがあったのです。最初の日にとったイチジクがあまりにおいしかったので、次からはイチジクを楽しみに、二人で坂を登っていきました。

あの時、無邪気そうに見えた子供の目に、「大胆不敵な盗み」と映っていたとは、思いもよらぬことでした。

「味を憶えている?」と、内心の驚きをかくしながら聞いてみると、

「すごくうまくて、びっくりしたんだよ。庭にある果物なんかは、ぐちゃぐちゃのものばっかりで、店屋にあるのしかちゃんとした味がしないと思ってたから」

へえっ、私の子供なのに、とまた驚いたのは、ツクシ摘みやら木の芽採りやら幼いころから野外をつれ歩いていたうちの子供が、直接自分で採るものより、店頭の商品が上、と思っていようとは意外なことでした。

しかし、息子のまわりには、食べるために実らせた果実はほとんどありません。

うちの庭にも、柿や桃があるのですが、熟したころには野鳥やリスにとられて、いわば観賞用です。私たちの時代には、食べられる木の実は、身のまわりにずいぶん多く、子供同士でも、柿、グミ、ギンナン、栗、アケビなどと、木の実採りに歩きまわったものでした。そんな風に育った私は、地面から生え、実っているものには、つい気やすく手を伸ばしてしまうのです。

息子は、幼いころに食べたイチジクをおいしかった、といっていますが、私はこれも大人になってから好きになった味で、子供のころはあの舌にざらつく感触も、かすかなエグ味も、好きになれませんでした。

イチジクは、たいてい庭の隅っこなどに枝を広げていて、ヤツデや南天と同様に、日陰の植物だったのです。「イチジクのある家は病人が絶えない」といういい伝えも知っていて、いっそう陰気臭く映っていました。

お世話になっている近所のお医者さんは、今でも、「あんな不潔なもの食べちゃいかんねえ。口が割れて、蠅(はえ)がたかって、バイキンでいっぱいだ」と顔をしかめますが、イチジク大好きになってしまった私は、あの独特の味をパスして一年を過ごすわけにはいきません。本など調べ、西洋では古くから整腸剤、緩下剤として使われているではないか、などといいながら、せっせとイチジクを楽しみます。

よく食べるのは、やはり生のまま冷やしたものですが、時には半冷凍にして、外側がシャリシャリしているくらいの時に食べます。皮は、スプーンで削り取るだけでよいのです。自然のシャーベットという感じで、面白いデザートになります。

しかし、デザートとして用意するには、やはり赤ワインで作ったコンポートでしょう。

作り方はごく簡単。赤ワイン一本に、グラニュー糖二〇〇グラム強、バニラのさや一本を入れて煮立たせた中へ、皮をむいたイチジクを入れてひと晩ねかせるのです。分量は、正確には七二〇ccのワインに二〇〇グラムの砂糖なんですが、あまり数字が並ぶと憶えにくいのです。

バニラのさやは、瓶入りのエッセンスより自然な香りがして好ましいものです。

「バニラ」というと香りばかり思い出され、植物の姿を知っている人は少ないでしょう。ラン科のつる性の植物で、さやは半熟の時干したものです。案外に高いもので、煙草ほどに切ったさやが一本数百円します。二、三度は使えるものですから、一度で捨ててしまわないことです。菓子用の砂糖壺にしまっておけば、砂糖に香りが移って、長くさやが使えるそうです。

ワインやバニラを使わず、皮をむき、四つ割りにしたイチジクを、ただの砂糖水で煮て、よく冷やしたものも、あっさりした味で、和食の後のデザートによくあいます。

和食といえば、イチジクの皮をむいて小口に切り、ゴマだれをかけたもの、簡単なのに、献立にちょっとアクセントがついていいものです。簡単ですから、気軽にできますが、こういう料理は、ほんのひと口、「おやっ、面白い味じゃない」と思った時には、もうない、というのがよいのです。

五章
美味は残酷

罪の感触

「シャトーブリアン！」

　とフランスの作家の名を口にすると、港のレストランで運ばれてくるのは、厚さ、というより高さが五センチもあるステーキだった。ヒレ肉の中でもいちばん厚い部分を、一頭に一枚だけ取り出す、という贅沢な肉は、ナイフを入れると、豊かな手応えがして、切り口からのぞいているのは、ほとんど朱色に近い生の肉である。

　ひと切れ口に運ぶと、柔らかな肉の感触が口じゅうをみたし、やさしい時間が流れはじめる。やがて、肉が喉をこすって落ちていく時には、自然に目をつぶってしまう。

　食べているところを他人（ひと）に見られるのが、なぜか後ろめたい。

　いつものように、うっとりとして、このステーキを味わい、ふっと目をあげると、前にいる夫の皿に、荒々しい骨が横たわっていた。

　その日はTボーンステーキを注文していたから、骨つき肉の残骸である。太い骨は縦に鋸（のこぎり）で引かれ、骨の髄もあらわで、屠場（とば）の血に染まった殺戮（さつりく）の証拠品のように見える。

　夫は白い巻煙草を指にはさみ、血の臭いの残っている唇に白いままくわえ、満ち足りた食後の安らぎの煙をゆったりと吐いていた。

　この日、私は肉の持っている言いがたい罪の感触を心に刻んだ。

仔鹿は庭に横たわり

山頂へ目をやると、自然に腰を伸ばして空を仰ぐことになるほどそそり立っている山々の間に、その村の宿はありました。宿の前を流れる川は、山からの清水を集めたもので、少し下流では急に峻しく、山がひび割れてできた隙間のように深くなっていたのです。

宿の人はこの川で魚を釣り、山で射止めた猪や鹿、山鳥、それに豊富な山菜を集めて食卓をまかなっていました。山菜料理の看板は多いけれど、自分で集めた材料を使う宿は稀なものですから、この宿を知った当座、私たちは熱中して通ったものです。ここではじめて知った食べ物も少なくありません。

鹿刺と呼ばれる鹿の生肉は見事でした。切り口も鮮やかな紅色をした肉が、コバルト・ブルーの銅板のお皿に花びらのように並んでいます。鹿肉はフランス料理では、マロンスフレのつけ合わせをのせた茶色いステーキとして知っていたし、記憶をたどれば、京都の郊外の料亭で、にごった血色の小さな肉片を出されたこともあるのですが、こんなに堂々と鮮やかな肉ははじめてでした。口に入れると、冷たい肉は、さっぱりと、でも野生の肉の匂いを残しています。

おいしい、おいしい、と食べているうち、宿の若主人が帰りに、鹿肉を塊で持たせてくれるようになりました。貯蔵用の肉は、石のように硬く冷凍されています。これを半ば解凍して、薄く切り、煮きったミリンと醤油を合わせたつけ汁に、おろし生姜をそえて食べれば、山の宿とほぼ同じ鹿刺が食べられます。でも、解凍した肉を、もう一度凍らせては味が落ちますから、二度目からは熱を通した料理になります。最初は単純にステーキやカツでしたが、せっかくの山の味だから、と山ウドと合わせた串カツを揚げ、次には月桂樹の葉を巻いてローストにしました。月桂樹の葉の下にベーコンを巻いたのは、「鹿は脂肪が少ないからベーコンを巻いて焼いた」とドイツ育ちの友人に聞いたことがあったからで、後はローストビーフを作る要領で、たこ糸で縛ってオーブンへ入れたのです。

焼き上がった鹿肉は絹のように柔らかな感触の、品のいい味でした。マロンスフレの下でソースに浸されていたステーキとは同じ肉とは思えないほど繊細な味です。家畜の肉のようにありきたりでないし、猪みたいに獣臭くもないのです。私は得意になって鹿肉のローストを作り、手書きのラベルなどそえて友人への贈り物にしました。

お正月がやってきて、少し多めに鹿の肉を注文すると、若主人がいうのです。「いっそ鹿を一頭買ったら。もう少し待てば有害駆除で鹿が撃てるから。仔鹿を安く手に入れてやるよ」

値段はたしかに安く、一家でレストランの食事を二度もすればなくなるくらいの額でした。「有害駆除」とは、鹿が植物の若芽を食べて林業に害をおよぼすので、春の間一定数を駆除、つまり撃ちとってよろしい、と県が許可するというものです。私は小学校のころ、害虫駆除という呼び名の検査があったことを思い出し、奇妙な官製用語を笑いながら、心配したことといったら、一頭分の肉はうちの冷凍庫には収まらない、ということだけでした。彼が菓子屋で使わなくなったアイスクリーム用冷凍庫を探してくれることで、これはすぐに解決です。

松がとれ、節分が終り、鹿のことは忘れかけて、お節句の用意をしようか、という時のことでした。外出から帰ってくると、家の前に見なれないワゴンが物々しい様子で止まっています。なぜ物々しく感じたかはわかりませんが、なにかが起こる前のような胸さわぎがして、私は急いで門を入りました。すると、庭の真ん中にある白木のテーブルの上に、仔鹿が一頭、澄んだブルーの瞳を見開いたまま横たわっていたのです。昨日まで山を駆けていた仔鹿は、幸せな時間をそのまま止めたというように、四本の細くしなやかな脚を空へむかってぴんと伸ばしていました。なめらかな毛並は、子供のころ『仔鹿物語』のスクリーンで見とれたとおりの美しさで、淡いセピアはあくまでもやさしく、白の部分はあくまでも清らかに目の前にあるのです。

「鹿を一頭買うとはこういうことだったのか」と胸は急に重苦しく、指先が冷たくなっていくのを感じながら、私は美しい死体の鹿を茫然と眺めていました。

若主人と手伝いにきた村の青年は、アイスボックスを玄関に入れるところでした。地方の乳業組合の名の入った一間もある大きな箱で、台所には入らないので、納戸にしてある昔の子供部屋に、使わなくなったピアノと並べておくより仕方がありません。

「鹿は蚤（のみ）がひどいもんで、ひと晩冷凍会社の倉庫で眠らせてもらったのよ」

脚をぴんと伸ばし、生きているように見えるのは、冷凍のせいでしょう。

「運んでくる間に、もう少し解けるかと思ったのに、全然軟らかくならないから、今日は解体できないよ」と青年たちは鹿も納戸へ運び込み、作業は翌日にして、その夜はわが家へ泊ることになりました。

家じゅうが寝静まってしまうと、かえって目が冴えてきます。同じ闇の中に、体を凍らせた仔鹿が横たわっていると思うと、冷えびえした感じが伝わってくるのです。

朝がやってくると、申しわけないような晴天でした。鹿はまた庭へ持ちだされ、ビニールシートを敷いたテーブルの上に寝かされています。

わざわざ運んできて、ここで解体するのは、何でも知りたがり、見たがる私の好奇心を知っての親切だったのでしょう。わかってはいるのですが、見るのはやめよう、と私はきめたのです。見てしまったら、何か自分でも予期できないことが起こるような気がしてなりません。

台所にこもって、朝食の後片づけをし、洗濯物を干しに二階の物干しへ上っていくと、家の上空をトビが二、三十羽旋回しています。早くも血の臭いを嗅ぎつけて集まったのでしょう。しつこいトビの旋回の輪は、庭で進行している作業の影なのです。

やがて、青年たちは切りわけた肉の山を納戸へ運んできました。肉は次々にラップに包まれ、部位と用途、「ロース＝刺身、ステーキ用」などと書き込んだ紙切れがはさまれ、深いボックスの底に詰められていくのです。

ボックスの片端を占領するように大きな塊があって、これは「頭」、横にあるポリ袋に詰まっている太い骨たちが「スープ用」なのです。仔鹿のバンビはこうして解体され、冷凍庫に収まってしまったのです。

毛皮は青年たちに持ち帰ってもらい、数日の間、私は気前よく鹿肉を友人に配り、ロースト鹿肉を作って、よくできた、とか、おいしい、とかいいあって食べ、それからは鹿肉のつまった冷凍庫のことは忘れたつもりで暮らすことにしたのです。

夏休みになって、旅行鞄を探しに納戸へ入ってみると、アイスボックスが白く鈍く光っています。近寄ってみると、ボックスの中は、いつの間にか霜に占領され、ガラスの蓋を盛りあげんばかりです。自動霜取り装置の冷蔵庫に馴れて、空気を冷やせば霜ができることを忘れていました。

アイスボックスのまわりを調べてみましたが霜取り用のスイッチらしいものはなく、電線が一本と小さなゴムホースがひとつついているだけです。アイスクリームを扱っている近所の菓子屋へいって聞いてみると、電源を切って、霜を解かすより仕方がないそうです。

ホースは庫内の排水のためについているようでしたから、倒したホースの先をバケツの中へ入れ、スイッチを切ってみましたが、その日も、次の日もほとんど変化がありません。

三日目に家じゅうで小旅行にでかけ、一泊して夜遅く帰ってくると、玄関の闇の中に異様な臭いがしています。わずかな獣臭さを嗅いで、真っ直ぐ納戸へ急ぎ、一歩踏み入れた足の下はぐしゃぐしゃに濡れた絨緞（じゅうたん）でした。壁際のスイッチを入れると、ピアノのために敷いておいた赤い絨緞は、バケツからあふれた水を吸いこんで黒ずんでいます。締めきった部屋の温度が急に上がったのでしょう。ボックスの霜はほとんど消えてしまい、濡れたビニール包みが悪い夢を見て汗をかいた、とでもいうように底のほうにかたまっています。

裸電球の鈍い光の下で、部屋は悪意に満ちていて、鹿のことを忘れて暮らしていた私に、「ココニイル。ココニイル」とつぶやいているのです。

二日がかりで家具を動かしたり、絨緞を洗ったりしましたが、秋になって家を半分改築することになって、この納戸は取りこわしてしまいました。

置く場所のなくなった大きな冷凍庫（ボックス）を、庭に放っておいたら、直射日光を浴びた残骸は数日もしないうちに、腐敗臭を漂わせはじめました。残暑のきびしい年でした。

庭の竹藪の隅に穴を掘り、残骸を全部入れて、その上で焚き火をしてから土をかけました。

今度こそ、全部終ったのです。

次の年の春のことでした。筍の様子を見ようと、庭へ下りていくと、竹藪の隅にもやもやした緑色の塊があるのです。木の実をついばんだ小鳥の糞からでも芽が出たものでしょうか。

近寄ってみると、ちょうど鹿を埋めた跡で、カラスザンショウの若芽が重なり合って伸びていました。この葉の細く、長い小葉は、葉柄の左右に行儀よく並んでいて、仔鹿のやわらかな肋骨に見えます。森の中を駆けていた幸せな時代の名残りというように緑に染まった骨たちが、土の中から重なり合って、盛り上がり、

盛り上がり、目に見えないガラスの蓋を押しあげてささやきだしたのです。

「ココニイル。ココニイル」

鯉の尾部うま煮

新緑の山道を歩いて、汗ばんでくると思い出すのは鯉の洗いです。あの口の中を洗うような冷たい感触と、酢味噌をちらりとつけて口に入れた時のおいしさが、舌の上に甦ってくるのです。おいしい洗いの記憶は、たいてい清流のある山村のもので、冷たい山の水があのおいしさを作るのでしょう。

洗いは生きている魚をおろし、薄くそぎ身にして冷たい水で洗ったもの。生きたままそいだ身は、冷たい水に身をちぢめたみたいにちぢれています。余分の脂肪はこの時流してしまうから口当りがさっぱりして、甘酸っぱい酢味噌の味と合うのです。

魚屋の水槽の、ぶくぶくに肥った養殖の鯉は洗いにする気にはなれませんが、私は中国料理には鯉をよく使います。この魚の泥臭いような味の濃さは、中国料理には不思議に合うのです。

中国料理で結婚披露宴、などという時にでてくるのは、鯉の丸揚げ甘酢かけ、中国名は「煎明鯉魚（チエンミンリイユイ）」。一匹のままの鯉が、大きなお皿にでんと横たわっているところは、なかなか豪華な眺めですが、宴会で食べておいしいと思うことは少ないものです。でも、自分で作ってみると、料理本片手のはじめての時も含めて、たいていそれなりにおいしく出来上がっています。作り方は案外簡単、酢豚を作るのとたいして変りはありません。まず、内臓とウロコを除いた鯉に、包丁を斜めに使って、片面に三本ぐらいの切り目を入れ、醤油と酒の下味をつけてから片栗粉をまぶし、高温の油の中で揚げます。たぶんこの料理のポイントは、この揚げ方で、ぐずぐずしているとからりと揚がりません。たっぷりの油をよく熱して、尻尾を持って油鍋に入れます。

あんの作り方も私のは気ままなものです。具はふつうは筍、人参、椎茸など何種類か入れるのですが、私は長葱だけであっさり作ることもあります。いずれにしても同じように細切りにし、油を熱したところへ潰したニンニクを入れてから具を炒め、スープに醤油、塩、ケチャップ、砂糖を入れて煮立たせてから酢を加え、水溶き片栗粉でとろみをつければ出来上がりです。

丸揚げした鯉をお皿に盛り、上からこの熱いあんをかけます。この時、じゅん！　と音をたてるようならこの一品はまず成功です。

意外に簡単にはできますが、この甘酢あんはお総菜として食べるには、あきやすい味です。そこで、おかずとして作るなら「尾部のうま煮」がよいでしょう。

もう三十年近く前のこと。横浜の中華街の店で見つけて、尻尾の料理というから、どんな珍味が現われるかと注文してみたら、尾部といっても、頭を落としただけの魚の煮込みでした。魚は三つの太い帯状にわかれ、ふっくらと煮込まれていました。切れ目の間からは、白い柔らかそうな肉が見えています。この帯状の身を尾部につけたまま仕上げるのは、特別な技術がいるのかと思ったものですが、何のことはないのです。火がよく通るように包丁目を二本、身にそってぐっと深く長く、きっぱりと入れただけなのです。そして、たっぷりのラードを強く熱した鍋へ入れて、焦げるほどよく両面を焼き、生姜も葱も加えて、酒、醤油に、ほんの少しの砂糖を入れて煮つめるのです。鍋の煮汁がとろりとして、味がよくしみ込んできたら出来上がりです。煮汁はあくまでも濃く、が大切なのは日本風の煮魚も同じです。強火でよく炒め、とろりと濃い煮汁に仕上げれば味の点ではまず失敗はありませんが、帯のようにと、深く長く切れ目を入れると、尻尾と身の部分がちぎれてしまいがちです。自信のない人は火の通りにくい厚い部分にだけ、あっさり包丁目を入れれば無難な仕上がりです。

鯉を扱う魚屋は少ないので、私は鯉がほしい時には、横浜の中華街までいきます。

すぐ使う時には、内臓をだして、ウロコを取ってもらいますが、生命力の強い魚ですから、内臓をだしてもまだピクピクと動いています。翌日使う時には、生きたまま濡らした新聞紙に包んでもらいます。すると、帰りの電車の中で跳ねだします。大きい鯉の時などバッグの内側を尾でバタバタとたたく音が大きく、座席に坐って雑誌など読んでいた人までなにごとかと、顔をあげてしまうのです。

こんな鯉も、組板にのせればおとなしくなるかと思ったのに、新聞紙からとりだして組板に置くや、またも跳ね上がるのです。魚屋さんは、鯉の鼻っ柱を、出刃包丁の背でコンとたたいて失神させてからおろすのですが、たたくというのも気分のいいものではありません。動いている魚に包丁を入れるのも恐ろしいし、たたくのも気色が悪い。動かなくなればなったで、運んでくる時、バッグの中で跳ねていた時の感触がよみがえってきます。

料理は残酷なほど美味しいという食通もいますが、やはり臆するものがあるのです。

昔、私たちの母の時代には、今より信心深く、物腰もやさしかった人たちが、それぞれの役割というように、淡々と魚をさばいたり、鶏の毛をむしったりしたものです。私は、好色家の欲張りな目つきで、美味を漁りながら、跳ねている魚に手をそえるのも恐ろしく、でも、すぐに忘れて、あれもおいしく、これもおいしいと、舌つづみを打つのです。

吸いつく吸盤をはがしてタコの刺身

タコは夏の間よく食べます。

タコは梅雨時がいちばん味がよい、とか、いや冬のタコは身が軟らかくていいものだ、とか、土地により、人により意見はわかれますが、私はあの冷んやり、さっぱりした味覚は、暑い季節にこそ好ましい、と思っています。

タコはたいてい赤く茹でられ、足だけ切り離したものが、白い切り口をのぞかせて、ウインドウに納まっています。店先のタコにしか接したことのない人は、タコはあんな風に赤いものと思っているのでしょうが、生きているタコは紅色がかった灰色をしていて、全身ぬめりにおおわれています。このぬめりを、粗塩をたっぷりつけて、よくしごいておかなければ、茹で汁の中にぬめりといっしょに赤い皮がはがれて、きたならしい、まだらなタコになってしまうのです。どのくらいよくしごくかといえば、足の先を「指二本でつまみあげても、すべり落ちないくらいに」（漁師の話）すっかりぬめりをこすりとるのです。頭は茹ですぎると硬くなりますから、まず足を入れ、火が通ったら頭を入れさっと茹でます。茹で汁に、油が一滴まじっていても、皮がむけてきたならしくなるというので、お釜もよく洗わなければならない。タコを茹でるのは、腕のくたびれるものなんです。

海辺に住んでいると、大潮のころには磯でとれたタコをいただいたり、魚屋の店頭で生きているタコを見かけたりすることが多いのですが、うごめいているタコの不気味さには、いつまでたっても馴れないものです。

ある時、関西育ちの友人が、「生のタコが食べたいわ」といいました。生タコの刺身といったのかもしれませんが、聞いたとたんに私はぬるぬるした体や、重そうな頭を思い出してぎょっとしました。

「上品な味で、見た目も真っ白く、すっきり美しい」と彼女はいいます。

真っ白く、というのは包丁で皮をそぎとって、中の身だけにするからでした。

まだ食べていない美味があると、気になって仕方がありません。

生きているタコを扱っている店があって、とりたてのタコは夕方に入るというので、ある日の夕方、思いきって生タコを買いにいきました。

かなり大きいタコが売れ残っていて、魚屋さんは、それをケースの中から力ずくではがすようにとって、新聞紙に包んでくれました。

家へ帰り、水へつけて新聞紙をはがしていると、吸盤が手にぴったりと吸いつきます。粗塩をふりかけてもみながら、新聞紙をはがしているうちに、皮をむくためには、この生きているタコの足を、自分が切りとらなければならないことに気づきました。

生きている魚なら何十回もおろしたことがあるのですが、頭も足もついているタコとなるとまた別で、私は思わず俎板の前から後ずさりしてしまったのです。

「タコには痛覚がないから、痛いなんて感じないんだよ」と、横で見物している夫がいいます。それではと、そう信じている夫に足を切り離してもらい、それから私が粗塩をかけ、よくもんで、ぬめりをとることにしたのです。しかし切り離した足に包丁を入れようとすると、刃先がすべってうまく切れません。足を押えると、切り離された足の吸盤はまだ生きているように、強く手にくっついてくるのです。

この時の、気味の悪い感触は、もう何十年も前のことなのに、いまでもそっくり覚えています。では、気味悪がって止めたのかといえばそうはならないのです。大騒ぎして、皮をむきとった身は、透明感の残っている白いロウソクのような棒でした。これを薄切りにする時には、もう吸盤の不気味さなど忘れたように、盛りつけを考えていて、わさびをおろし、青ユズなどをしぼった醤油にちょっとつけて食べ、「ふうん、おいしい」と、感心してしまったのです。なんというか、アワビとミル貝を合体させたような味でした。

そのうち、魚屋さんで買う時に、足を切り離してもらい、お客が少ない時には、皮もむいてもらえるようになりました。プロの持っている、薄刃の細くて長く、するどい包丁を足にそって縦に入れ、足をまわすようにむくと、皮は見事に一枚のままくるりとむけてしまいます。私の悪戦苦闘が信じられないほど、十数秒で出来上がりです。そういえば、先の角ばった細身の包丁、「蛸引き」というそうです。

そぎとった皮は茹でて、細かく刻んでおくと用途が多くて重宝します。お好み焼きに使うのは誰でも考えつくことでしょうが、イタリア式お好み焼きであるピザに入れる人は少ないでしょう。サラミなどより生々しい味がして、手作りの手ごたえがあります。

最近よく作るのは、タコとトコブシの炊き込みご飯です。タコの皮はさらに細かく刻み、足の先っぽの細いところが残っていればこれも入れます。トコブシの代りに、アワビの端っこや、ウニの残りなどでもいいのです。こうした味が楽しめるのも、一匹丸ごと買えばこそです。

あれもおいしい、こうも作った、と話していると、野蛮な人間を見るように私を眺め、「生きているタコの足を切るなんてひどい、そんなことするなら食べなくていい」という人がいます。では、もうひとつお教えしたいのですが、店先に並んでいる茹でダコ。ぬめりをとるのに一匹ずつ手をかけるわけにはいかない。商売人のところにはタコ専用の洗濯機があって、生きているタコと粗塩を入れ、スイッチを入れ、目をまわしているタコを熱湯の中に放りこむのです。

タコの味、いっそうひんやり感じられませんか。

鳩を食べるまで

おだやかな秋が終り、急に肌寒さを感じはじめると、空が一段と高くなります。するといつの間にか思い出しているのはかすみ網のことです。かすみ網とは、渡り鳥の通り道に当る東北地方、長野、岐阜などで行なわれていた猟のことで、霞のように細い絹糸で作った網を、山中に張り、秋にさえずるように特別に訓練した囮(おとり)の鳴き声に誘われて降りてきた小鳥を、この網にひっかけるのです。網場の近くには小さな小屋が立ち、それもひっくるめて、鳥屋(とや)と呼ばれていました。

私の疎開していた岐阜県の恵那地方では、お花見や紅葉狩りと同じように鳥屋行きは、行楽行事になっていました。

戦争が終り、駐留軍がやってくると、この猟法は禁止となりましたが、まだ自然保護という考えの普及していないころですから、禁止は形ばかりで、町ではツグミが売られ、鳥屋も半ば公然と営業されていました。

私がはじめて鳥屋へ行ったのは、禁止になってから十数年もしたころで、疎開先に残したままになっていた墓から、父の遺骨を引き上げにでかけた折のことでした。

宿は町の西側にある小高い丘の上にあり、骨壺（こつつぼ）を持って帰ってくると、灯のともりはじめた小さな町が見下せました。父は、このおだやかな町が気に入って、家屋敷を買い、墓地もきめていたのに、子供たちは結局みんな東京で暮らすことになってしまったのです。お墓がなくなれば、この町とは何のつながりもなくなってしまう。そう思うと薄闇の中へ沈んでいく町は懐かしく、大切なものを手放してしまったような淋しさを味わったものです。

翌朝、早く鳥屋へでかけました。十一月のことですから、山は紅葉していたはずなのに、思い出すのは、キーンと音がしそうに晴れ渡った高く、青い空ばかりです。

山頂につくと、鳥屋番のおじいさんが、ちょうど網から小鳥を集めたところでした。肩からつるした信玄袋のような布の袋がずっしりとふくらんでいます。

木陰の小屋には、小さな板張りの部屋にいろりがあって、赤く炭火が燃えていました。いろりの中には、代々伝わるというたれを入れた壺が埋まっています。おじいさんはお燗(かん)をつけながら、小鳥の羽根をむしり、手早く内臓と足、くちばしをはずし、竹串に刺して火にかざします。火が通ると、たれにどっぷりとつけ、もう一度焙るのです。

最初に渡されたのはツグミです。この鳥なら子供のころから食べ馴れていましたが、この地を離れている間に、頭を噛みくだく勇気はなくしてしまいました。

「これなら、骨もやわらかいに」と、ひと回り小さい小鳥が渡されます。

「何という鳥」と聞くと、おじいさんはこともなげにひと言、「ウグイス」

ひえっ、と思わず驚きとも、抗議ともつかぬ声をあげてしまったのは、ウグイスだけが名前も鳴き声も聞き馴れていたからでした。何気なく食べてしまった肉を、飼い犬のものだったと知らされたみたいに急に気遅れがしてしまったのです。「さて、ひと振りするか」と、おじいさんは汚れた旗のような布を持って立ち上がります。布は緞子(どんす)でできていて、振るとタカの羽音がするのです。囮の鳥のさえずりに誘われて降りてきた小鳥たちが、この羽音に驚いてあわてふためき、かすみ網に首をつっこんでしまうというわけです。

ウグイスを小皿に残したまま、耳を澄ませていると、ぱたぱたと力強い音がして、後は静かになります。窓からのぞいてみると、おじいさんは、かすみ網にひっかかった小鳥をはずしているところでした。なんと静かな猟でしょう。けたたましい銃声も響かず、血の一滴も流さぬまま、何十羽という小鳥を捕まえてしまうのです。しかし、袋の中で小鳥があばれる様子がないのは、網からはずす時に、首をひねってしまうからでしょう。淡々と、手早く小鳥をはずしていくおじいさんの指先が、小鳥の首を次々と折っている、と思ったら明るい秋空の下の景色が、急に恐ろしいものに見えたものです。

昨年の秋、久しぶりにこの町へ帰ったら、もうツグミは売られていないし、かすみ網もほとんど廃止されていました。ごく稀には密猟者がいるのですが、今では暗い犯罪者の噂をするように話がされます。二十年前には、少数の人の空論にしか見えなかった自然保護の運動が、いつの間にか世間の常識になっていました。私は食べ物への好奇心は強いほうですし、特に野生の味には関心があるのですが、小鳥にはひるむところがあります。法的に禁止されているというようなことだけではなく、たぶん、あのウグイスの体験が尾をひいているのです。

でも、あの鳥屋の体験から二十数年過ぎましたし、自分でも馴らすように努めましたから、今では冬になると、ウズラや寒雀を求めます。食べられないものがあるのは、単なる嗜好(しこう)の問題というより、大人として成熟していないような気がしてしまうのです。

去年の冬は、鳩(はと)を何度か求めました。フランスからの輸入品で、最初はビストロのサラダに混ざっていたのを食べ、夫が鳩好きになってしまったので、家で焼くようになりました。うちの焼き方は簡単で、よく洗って水を拭いてから、多めに塩、コショウをすり込み、落花生油などふりかけて、焦げ色がつくまでオーブンに入れるのです。オーブンに入れる前に、フライパンでソテーしたほうが香ばしさがでるかもしれませんが、いずれにしろ小さな鳥ですから一五分くらい焼けばいいのです。

鳩を焼きながら、ふっと、パリで貧乏暮らしをしていた若きヘミングウェイが、公園の鳩をつかまえては食べた話を思い出します。彼は、乳母車を押して、赤ちゃんのお守りをするふりをしながら、鳩をつかまえていたとか。

鳥屋のおじいさんの指先が、公園の鳩に重なってきます。

大きなハムをぶらさげて

「今日はいい生ハムが入りましたよ」と、そのビストロですすめられたのは、秋のはじめのことでした。

「入口にあったあれね。本格的なジャンボンじゃないの」と、いっしょにいた友人がいい、見るとドア近くにあるワゴンの上には、骨つきの、がっしりした大きな肉の塊がのっていました。あんまり大きな塊だったので、私はジャンボンというのが、フランス語のハム（つまり、豚もも肉）とは知らず、英語風にジャンボな肉とでもいったのかと思ったほどです。

私の知っている生ハムといえば、暗いローズ色の、ビール瓶ほどの塊で、骨がないだけでなく、全体にふにゃふにゃと柔らかい感触のものでした。生ハムの味といって、思い出されるのは、柔らかな感触ばかり、味というほどの記憶はないのです。

ワゴンが運ばれてくると、大きな肉の塊、つまり骨つきの生ハムは、大理石のしっかりした台に埋めこまれているU字形の真鍮に支えられていました。

ギャルソンがよく光る包丁をねかせるように使って、うやうやしくハムを切ってくれます。ねかした包丁は鉋(かんな)でもかけるようにハムを薄く切りとり、レモンをひと切れ添えてお皿に盛られるのです。

見たところ生ハムは鰹節を大きく、不細工に切りとったみたい。口に入れると干した肉のように噛みごたえがあり、しかも肉らしい味も残っていて、なかなかいいのです。

「おいしい！」と思った味に出会うと、私はしばらくは続けて食べてしまうのです。行くたびに、試してみたら、同じ一本でも柔らかいところと、鰹節くらいに堅いところがあって、味わいがそれぞれに違いましたし、一月に二度ほど入るたびに、「今度のは、少し若いのですが」とか、「三年ほどねかせたものですから」とか説明がつくのです。私たちの知っているハムは、第一にどこのメーカーのものか、第二は製造月日はいつか。これで大体の味はきまっています。一本一本違うところが商品じゃないみたいで面白い、といっていたら、「実は、これは料理研究家の辰巳芳子先生が個人的に作っているもので」と店の人がいいます。

辰巳先生ならお宅へ何年も前にうかがったことがあります。広い邸内を、長いパイプが走っていて、それは生ハムを燻すための煙の筒で、煙を完全に冷やすためには十数メートルの長さが必要だ、と聞いたことを思い出しました。あのころは、先生はスペインへハムの研究にでかける、とおっしゃっていたのですが、その成果がこのジャンボンというわけでしょう。

紹介があればわけてもらえる、と聞いて、五月の連休に、友人たちとうちの庭先でするパーティーに、これが一本欲しくなりました。庭の木の枝に、ぶら下げておいたら楽しいことでしょう。

久しぶりに訪れた辰巳さんの庭には、もうパイプは見あたりませんでしたが、新しくハムの部屋が作られていて、重たげな大きな豚のももが何十本と下っていました。

このもも肉は、毎年十一月に仕込まれるそうです。豚の後足の太いももを、一本ずつ目方を計り、それに見合った塩を入れて重石をかけ、三週間ほど塩漬けにします。それから水洗いして、きれいに拭き、パプリカなど全面にすりこんで一年間ねかせるのです。ねかせる、というのは空調のついた部屋につるして、温度も湿度も低くし、時には自然の風が涼やかに渡る日には、風にも当てながら味をなじませるわけです。

家へ運んできたのは、パーティーの二週間前でした。ビストロで眺めていた時は、あんなに乾いてみえたのに、持ってくる時は脂肪で包んだ紙がぬるぬるするほど油がでます。それに特有の干肉の匂いがして車の内は息がつまりそう。車から降ろすのも腕がくたびれるほどに重いのです。冷蔵庫には入りきれない大きさですし、入ったとしても入れては味が落ちるそうです。気軽に買ってしまったけれど、山裾で湿気の多い私の家で、無事に保管ができるか急に心配になります。

肉はつるしておくのがいい、ときいて天井の梁（はり）から荒縄でつるしたのですが、この大きな肉の塊がひとつぶら下っているだけで、部屋の空気が荒々しくなってしまうのです。なんだか落ち着かない気分。スペイン帰りの人が、こんなジャンボンが、バーの止り木の上にずらりと並んでいた話や、家庭の台所にも大きなハムやソーセージがぶら下っている、と話してくれましたが、肉に対する感覚が日本人とは違うのでしょう。

そのうえ、日に日に気温が上がってきましたから、肉が痛まないだろうか、虫がつかないだろうか、と気になって、ついには、このハムの下っている部屋を閉めきってクーラーを入れました。まだ四月のことですから、クーラーを入れた部屋は冷蔵庫みたいに冷えています。ハム一本のために、ずいぶん大きな冷蔵庫を用意してしまったものだ、などと思いながら十日あまりを過ごしたのです。

パーティーの日は快晴でした。ジャンボンはそれまでにも来客があったり、うちでも朝夕そぎとったりして、かなり細身になっていましたが、松の枝にぶらさげると、太い枝をぐーんとしならせて、花盛りのツツジの中に下っていきます。よく砥いでおいた刺身包丁で、肉を薄くそぎとります。ボイルしていない脂肪は除いて食べたほうがいい、ということなので、これはそぎとって細い枝の先などに刺して、野鳥へのご馳走とします。

十数名でたっぷり楽しんだのですが、ジャンボンはまだ半分も残っていました。ビストロのひと皿、ほんの数切れは、大切なものとして味わっていたというのに、まだ残っている大きな肉の塊を前にしていると、厄介なものでも抱え込んでいるような気分がするのです。

パーティーがすんでしまうと、急に気が楽になりました。ジャンボンは部屋の隅につるしたまま放っておきました。五月に入ると、汗ばむようなお天気の日もありましたが、もうクーラーは入れません。時々パプリカや七味唐辛子をふりかけておくだけでしたが悪臭を増すこともありません。よく漬け込んだ肉は陽に当てさえしなければ、簡単に変質するものではないのですが、こうした肉の扱いにも、こんなに大きな肉の塊にも馴れていない者には、気やすくつきあうのは難しいのです。

ひと抱えもあったジャンボンが、ねじまがった枯枝のような骨になったのは梅雨に入る前のことで、庭の犬へ骨を投げてやり、ほっとして両手をのばし、背伸びなどしたくなったものです。

骨までたたく

遅かった梅の花がほころび、これで寒さは終り、と聞いたとたんに、冷凍したままになっているウズラを思い出しました。

ウズラのつくね鍋を食べないうちに春になってしまっては大変だ、と私は重なったまま凍りついているウズラを取り出し、鉄鍋を洗いました。

ウズラは出刃包丁でたたいて、小さく、さらに小さく、と刻んでいきます。骨は軟らかいので軽くたたけばいいのですが、首の骨をたたいたり、ももをたたき切ったりするのは気分のいいものではありません。でも、こうしてたたいて、つくねにまとめてしまえば、作る前の小鳥の姿など誰も思い出しはしないものです。

ずっと前、ウズラを使いはじめたころは、たいてい焼き鳥にして食べていました。鳥屋で羽根をむしり、くちばしと脚先を切り落とし、開いて内臓を落とした状態にしてもらったものを、炭火で焙っては醤油とミリンで煮つめたたれにつけるのです。肉は少ししかついていませんが、このキジ科の小鳥は、「あっさりと軽く、しかも肉全体に脂肪がゆきわたっている感じ」で、なかなかおいしいものなんだそうです。でも、食品辞典などで「脳味噌がおいしいから必ず頭をつけて焼く」などと読むと調理するのも残酷な気がしてきます。若い人の中には姿のままの小鳥をかじるのに抵抗感のある人は多くなるばかりで、食卓にあるだけで気持ちが悪いなんていわれてしまうと、わが家に獣臭い臭いでもこもっているといわれているような気になります。

ある時、料理の本を見ていたら、ウズラのつくねが椀種に使ってありました。写真の、汁をたっぷり含んだ肉団子がいかにもおいしそうです。そこで私はこのつくね鍋を作ってみよう、と思いついたのです。焼き鳥では食べられる身も少なく、骨ばかり残っています。骨もたたいて利用できれば、ちょっとお高いウズラも使いがいがあろうと思ったのです。

教えられた料理は、手順や分量をできるだけ正確に守ろうとしますが、自分の思いつきから始まったものは気ままなものです。

ウズラをたたきにたたいて、かなり細かくなったらすり鉢にとって、卵と葛粉をつなぎとして加え、さらにすってきめ細かくしますが、分量はその日の都合で、卵ひとつだったり、半分だったり。生姜のかけらなど残っていれば、みじんにして加えてみたり、自然薯の残りがあった時はこれを加えてみたり。ただ、葛粉は忘れずに入れたほうが煮くずれしないでいいようです。

熱湯を鍋にたぎらせたら、スプーンの先で形をととのえながら落としていきます。本当はつくねというのは、つくねる＝手でこねてつくる、というところからきているのですから、指先でこねて落とせばいいのですが、なにしろ熱湯の上の作業ですから、低くすれば湯気で熱いし、高いところから落とせばお湯がはねるし、結局スプーンのほうが手早く仕事ができるのです。全部鍋に落としたら、しばらく煮込みます。ふつう、鍋ものでは肉や魚は煮すぎると硬くなってしまいますが、このつくねに関しては、煮るほどに軟らかくなるし、だしも十分にでるのです。

アクが浮いてきたら、根気よくすくって捨て、澄んだスープになったところで、酒と塩で味をととのえます。実に淡泊、あっさりと、それでいてしっかりとおいしい味のあるスープができています。このまま、刻み葱とコショウを入れ、スープとして使いたいような気もしますが、鍋にした時の野菜も格別なおいしさなのですから、野菜を加えます。

この鍋がおいしいのは、たぶん骨までたたくからです。砕かれた骨の中からよい味がでてくるのです。くたびれてくる腕を励ましながら、たたきにたたいているると、思い出すのが長浜の『鳥新』という鴨料理屋さんです。

新幹線の米原で降りて、車で一〇分ほど琵琶湖べりを走ったところに、この評判の鴨料理屋があります。走る車から眺めていた琵琶湖には和鴨がたくさん集まっていましたが、今では滋賀県の条例で、ここの鴨は捕れず、日本海側から送られてくる鴨を使うのです。でも料理法は昔のまま。鴨は鍋にするのですが、鴨の肉を盛ったひと皿は、真ん中に抱き身と呼ばれるロース、その横に内臓の薄切りが並んでいて、お皿の端に「たたきですわァ」と説明された赤褐色のペーストが塗りつけてありました。骨をたたいたもので、徹底的にたたいて骨の髄からゼラチンがでるので、つなぎには何も入れない。このまま箸先で落とせば固まるのです。

自分でも、鳥をたたいた経験がありますから、この徹底したなめらかさには驚いてしまいました。あまり感心したからでしょう。食事を終えて店をでると、仲居さんが玄関の脇にある戸を開けて、台所を見せてくれたのです。

土間の中ほどに、高さ一メートル、直径三〇センチもあろうかという太い欅(けやき)の丸太が、埋めこまれるみたいにどっしりと鎮座していて、若い男の人が柄の長い、重そうな鉈(なた)を両手で持って、丸太の切り口にのっている鴨の骨をたたいているのです。もう三〇分ほどたたいているとか。私がつくるウズラのつくねよりよほどよくこなれているように見えたのですが、さらに三倍の時間、二時間はこうしてたたいているのだそうです。この道具、この根気。だから、この店が日本一といわれるのだ、と納得したものでした。

たたく、というのも、切ったり、こねたり、蒸したりするのと同じように、大切な台所仕事だと思うのですが、それにしては今日の家庭には、この荒仕事をする場所がありません。調理台の上でたたけば、たぶん収納棚や引き出しの食器ががたがたします。食卓も頑丈ではないし、床の上というわけにもいきません。

荒仕事のできない台所が、使いやすく手を加えた材料を求めているのかもしれません。市場からアヒルを一羽ぶらさげて帰る中国の家庭には、重い包丁と、それをささえる厚い俎板があるのです。

遅れて料理をはじめた幸せ——一枚のとんかつから

最初に書いた本が野草を料理する話だったせいか、ある時期、私が紹介される時には、「お料理の研究をなさって」とか、「プロ級に料理がお上手で」とか、ひと言加えられてしまったのです。

　肯定するわけにはいきませんが、いちいち否定するのも大人げない気がして、私は曖昧（あいまい）な態度で、言葉が行き過ぎるのを待っていました。すると、亡くなった母の顔がちらちらし、懐かしい声が聞えてくるのです。

「どうも幸子は、お料理にも、かたづけにもむかないようだね。結婚するより、自分の好きなことを見つけて、ひとりで生きる道を選んでごらん」

　母は期待したように私が自立できるかどうか確かめることもなく、早くに亡くなってしまいました。しかし、家事が下手だったり、仕事を持ったりしたからといって、結婚できないわけではないのです。そういう時代にもなってきましたから、私はライターの仕事をはじめたばかりで結婚し、夫の家族といっしょに横浜に住むことになりました。

　最初のうちは、私も家事を気にしていたのです。でも、仕事は忙しく、義母も健在でした。「人間には得手、不得手があるものだよ」と、義父にいわれると、家事不得意が公認されたような気になって、台所へは一切手を出さなくなってしまいました。夫といっしょに義母の作った食卓にむかい、終ると無邪気に、「ご馳走さま」です。

一年ほど、そんな風に過ごし、「少しは炊事をおぼえないと、先へいって苦労するよ」と義父にいわれると、良いきっかけだ、というように申し込んでおいた公団アパートが当っていました。マンションが出現する前のことで、公団アパートは新しいライフスタイルのあこがれでした。六十倍もの倍率の中で当ってしまったのですから、苦労は覚悟で、今度は自分で家事もやってみよう、と一度は決心して家を出たのです。

しかし、アパートは横浜の中心地にあって、朝、目がさめてから深夜まで、電話ひとつでコーヒー一杯でも届きました。外へでれば、ひと晩じゅう開いているレストランもあるし、外人相手の便利なクリーニング屋もあったのです。

ちょうど週刊誌が次々と創刊されて、私のような若いライターにも、条件のいい仕事がたくさんありましたし、夫の会社も好景気でした。ポケットにはいつも新しいお金が入っていて、私たちは毎日、気軽にご馳走を食べにでかけ、クリーニングは外に出せたのです。当時の横浜は、中華街はもちろん、はやりだしたイタリア料理も、伝統的なフランス料理も、東京より本格的な店が多かったのです。

私は戦争中に育ち、戦後、物が豊かになりはじめたころには父が亡くなってしまいましたから、幼いころの記憶と、戦後の短い時期を除けば、ご馳走とは遠い生活でした。横浜で出会った外国の料理は、美味の喜びばかりでなく、豊かで自由な世界の感触を味わわせてくれたものです。

ある雨の日の休日のことでした。

いつものように遅く起き、朝昼兼用の食事を何処でとろうか、と考えていると、「とんかつ作ってみない」と、夫がいったのです。「作り方は簡単、かつ用の豚肉に卵と小麦粉とパン粉をつけて、油鍋へ入れればできるはず。後はキャベツを刻むだけ」

そんなに簡単にできるとは思えませんでしたが、ともかく肉屋へ電話をして、材料を取り寄せました。

教えられたとおりに、溶き卵に肉をくぐらせ、小麦粉をつけてみます。次にパン粉をつけようとすると、卵は小麦粉でおおわれていますから、ほとんどつかずに落ちてしまいます。もう一度、たっぷりと卵をつけ、パン粉をたたき込みます。そんなことをして、何度も卵をくぐらせたとんかつは、ホットケーキのように部厚い衣をつけて揚がっていました。

夫の教えてくれた作り方は間違っていて、小麦粉をつけてから溶き卵、そしてパン粉が正しいというのは、自然にわかったことでしたが、不恰好(ぶかっこう)に揚がったとんかつも、包丁を入れ、キャベツといっしょにお皿に並べてみると、それらしく見えるのです。そして、意外にも、この揚げたてのとんかつはおいしかったのです。

「たしかにおいしい……」と私は不思議なことに出会ったようにいい、なぜか感動的な気分になっていました。たかがとんかつを揚げたくらいで感動とは大げさな、と笑われるかもしれません。豚肉を揚げてとんかつになるのに、何の不思議もないのです。私も料理学校へでもいって教えられていたら、これはこういう風に作るもの、と納得しただけで終ったでしょう。何も知らなかったおかげで、一枚のとんかつに、この世の創世にでも立ち合ったかのように感動し、料理の世界に、ある手ごたえを感じたのです。作るとは、こういう風に明確で、楽しいことなのだ、と。

　で、私は料理に熱中しはじめました。

　料理の本を買い求めてみると、レストランで感心して食べていた料理がたいてい載っていて、東坡肉（トンポウロウ）も、貴妃鶏（クイフェイチー）も、油淋鶏（ユーリンチー）も、書かれたとおりに作ってみたら、一応のものができてしまうのです。かに玉の芙蓉蟹（フウヨンシイエ）とか、酢豚の古老肉（クウラオロウ）とか、俗な料理として軽蔑していたものも、手抜きせず、きちんと作れば、魅力ある一品でした。

　街のレストランが目に見えて味の質を落としたのは、昭和三十七年あたりです。池田内閣が高度成長経済をめざし、物価が急上昇すると、料理は値段を上げるより、品質を下げて帳尻を合わせてしまったのでしょう。どの店の料理も、どこか様子が変ってしまい、失望が重なるうちに、それでは自分で好ましかった味を再現してみよう、と意気込んで、また一歩、料理への熱中が深まってしまったのです。

やがて、子供が生まれることになったので、仕事はほとんど整理し、週刊誌の食べ物屋紹介記事をひとつだけ残しました。この取材にかこつけて、自分の興味のある料理のことをくわしく聞き、帰ってくると、原稿を書くより熱心に料理を作ってみたのです。納得できるまで、ああだろうか、こうだろうか、と繰り返し作り、うまくできると、またそれがうれしくて、しばらくは自慢しながら作ってしまう。あのころ、友人にあうと、挨拶代りによく聞かれたものです。

「今、何に凝ってるの?」

何とは何の料理に、ということでした。

毎日の食事というのは、もっと何気ないものだ、と気づいたのは、ずっと後になってからのことです。考えてみれば、熱中時代の私は、料理を家事とは思っていなかったのです。おいしいものを食べたいから作ったのですらなく、作ってみれば、おいしい料理が出来上がるのが不思議で、不思議なことに興奮し、不思議なものを確かめたく、次々と料理を試してしまったのです。

どんな料理をか、といわれれば、この本の中にもいくつか書いたように、プロの方にとっては特に面白くもなく、豊かな時代に育った人には珍しくもないものでしょう。知らなかったおかげで、私は驚き、興奮し、熱中できたのです。新しく挑戦し、失敗したり、発見したりするのは、探険旅行でもするように楽しいものです。

もしも、最初に不恰好なとんかつを揚げた時、厳しい人が横にいて、「いい年をして、揚げ物ひとつできないのか」と叱られたとしたら、すごすごと料理を習ってみたかもしれませんが、それでは料理一般を教えられただけで終ったでしょう。どんなことも興味の核が自分の中に芽生え、育っていくのでなければ、身につきはしないのです。もっとも効率のいいはずの「順序よく教わる」ということが、かならずしも良い結果を生まないのは、失敗したり、発見したりする喜び、そうした個人的体験の芽を、教わるという一般的体験がふさいでしまうからではないでしょうか。

そう思うと、私は何も知らずに、遅れて料理をはじめたことを幸せに思わずにはいられません。

（1985年冬）

復刊によせて

『料理発見』が復刊されるというので、数十年ぶりに読み直してみました。どの章も、つい昨日のことのように思い出されます。あのころは料理を作るのも、考えるのも楽しく、毎日、包丁を砥石でといで一日が終わりました。とぎあげた包丁で、翌朝、みそ汁の野菜を刻む。とんとんと、よく切れる包丁のリズムは今も腕に残っているのです。

年老いた今は、三食を娘りり子に作ってもらっています。彼女も料理の世界に新しい魅力を感じたらしく、少しずつ工夫もあって、毎日の食卓に向かうのが楽しい。ただひとつ、SNSとやらに料理の写真をあげるので、作りたての湯気の出ているお椀もすぐに箸をつけさせてもらえない。シャッターをおろすまで待たされるのがシャクの種。

料理は作るのも食べるのも創造的な行為です。毎日の食事を無機質な作業にしてしまうのはもったいないことではないでしょうか。

甘糟幸子（あまかす・さちこ）

１９３４年（昭和９年）、静岡県沼津市に生まれる。早稲田大学第二文学部露文科在学中より雑誌のフリーライターとして活動。１９６０年（昭和35年）に向田邦子らと女性３人のフリーライター事務所「ガリーナクラブ」を開く。結婚後、１９６８年（昭和43年）に横浜から鎌倉に移住。１９７７年（昭和52年）、食べられる野草についての新聞連載エッセイをまとめた『野草の料理』が刊行される。その後も植物をテーマにした『野生の食卓』『花と草木の歳時記』などのエッセイを刊行、いずれもロングセラーとなっている。『白骨花図鑑』など小説も手掛ける。娘は作家の甘糟りり子氏。

手前味噌で「料理発見」

甘糟りり子

母は今でもレストランに行ってめずらしいものや新しいものに出会うと、たいてい「うちでも、これやってみない？」といいます。自分たちで再現したがるのです。しかし、シロウトがプロの料理人にあれこれ聞くのは野暮だというのが彼女のポリシー。料理人から最低限のヒントを聞き出すことはあっても、根掘り葉掘りレシピを嗅ぎ回るようなことはしません。私はつい気やすくあれこれ質問してしまうので、はしたないと怒られます。母はネットもメールもできませんから、家に帰ると関連がありそうな本を片っ端から読み、詳しそうな友人知人に電話をかけます。行きつけの八百屋や魚屋、肉屋でその話をしてみたりもします。まるで宝探しのようです。そうやって得た情報を基に何度も作ってみて、レシピを完成させるわけです。

二度の癌と手術を経験し、あと少しで九十歳になろうとするわりに元気でいきいきとしているのは、こうした食欲と好奇心が源なのでしょう。

37年ぶりに復刊された『料理発見』はそんな母の好奇心の物語。改めて読み直してみると、なつかしい数々の味覚が鮮やかによみがってきます。母の好奇心のおかげで私は幼いころにさまざまな味覚を経験させてもらいました。

まだ関東ではなじみのなかった牛スジを初めて食べたのは子供のころで、あれが牛肉の一種だということさえわかっていなかったと思います。何か不思議な触感のおいしいものという認識でした。母が日本ではめずらしかったタピオカに凝っていた時は、遊びに来た友達が「リリちゃんの家では蛙の卵みたいなものがおやつに出てくるんだよ。それが見かけと違っておいしいの」とクラスメートたちに触れ回っておりました。未知の美味って誰をも興奮させるのですね。

鹿が一頭うちにやってきた場面は数十年たった今でもはっきりと覚えています。

私は一瞬、生きているのかと思いました。胸をどんとつかれたような衝撃があって、怖かった。でも、私はかわいそうで食べられないといった気持ちは一切なく、むしろ、どんな味をしているのかという好奇心を抑えきれませんでした。おいしいかどうかより、目の前の命の味を知りたくなったのは母譲りなのでしょう。

母は2018年の膵臓癌の時、開腹手術の後に長い入院を経験しました。すっかり足腰が弱り、家に帰ってきた直後に居間で転んで右手を骨折。それから日々のご飯を作るのは私の役目になりました。それまでも料理は好きでしたし、母の手伝いをしながらいろいろと教わってはきました。しかし、自分以外の誰かの体調や食欲を考えながら冷蔵庫の中身を考慮して、日々の食卓を整えるのはそれまでしてきたこととは別のものでした。いろいろな調理はしてきたけれど、生活の中にある料理は初めての経験だったのです。食べることは暮らしの中心にあるのだと知りました。

昨年、初めて味噌を作りました。大豆を煮て、それを潰し、塩切りをした麹とまぜて捏ね、容器を密封して発酵するのを待ちました。なるほど味噌はこうして出来上がるのかと身をもって知ることができて、おもしろかった。玄米麹と白米麹で作ったのですが、私は白米麹の味噌の底に鰹節を一本沈ませました。母が、子供のころのいちばんの楽しみは自家製の味噌の底に仕込んであった鰹節といっていたからです。味噌が尽きるころにそれを取り出して、出刃包丁で削って炊きたてのご飯にのせて食べたそうです。味噌が染み込んだ鰹節はほんのり甘味があっておいしいんだとか。

新年に味噌の容器をあけ、初めての自家製味噌によるおみおつけを母と味わいました。それはもう滋味深くて、余計なものが入っていないことって大切なんだなあと実感。これこそ手前味噌ですが。そしてさっそく味噌の底にある鰹節を取り出してみました。水分を含んだ鰹節は削りにくくて不恰好にはなりましたが、炊きたてご飯にのせて食べるとたしかにおいしかった！　と私は思ったのですが、母はあまり満足していない様子。もっと甘味があったとか、薄く削らないとおいしさが伝わらないとか、いろいろダメ出しをしてきます。鰹節が古かったのだろうか、もっと発酵させてからのほうがいいのだろうか、次の味噌の時はもっと上手くやらなくては。娘の私なりの「料理発見」です。

追記・母は何でもかんでも写真を撮ることをよしとしませんが、私は「発見」したものはすべて記録したいタイプです。そんな記録のいくつかが、文章の合間に掲載された写真です。

（あまかす・りりこ　作家）

本書は、１９８６年に刊行された『料理発見』（新潮社）をもとに一部加筆修正し、復刊しました。なお、情報や表現については原書のままとしています。

料理発見

２０２３年３月７日　初版第１刷発行

著　者　甘糟幸子
発行人　前田哲次
編集人　谷口博文

アノニマ・スタジオ
〒１１１-００５１
東京都台東区蔵前２-14-14　２Ｆ
ＴＥＬ　０３-６６９９-１０６４
ＦＡＸ　０３-６６９９-１０７０

発　行　ＫＴＣ中央出版
〒１１１-００５１
東京都台東区蔵前２-14-14　２Ｆ

印　刷
製　本　シナノ書籍印刷株式会社

装　画　保光敏将
写　真　甘糟りり子
装　丁　石間淳
編集担当　浅井文子（アノニマ・スタジオ）

ISBN978-4-87758-846-5 C0095